이 책을 나의 가장 소중한

_____ 님께 드립니다.

싸이 파워
Psy Power

이 책에 나와 있는 무지개 색은 2011년 5월 15일, 싸이파워를 세상에 공개하기 위해 코스모스 센타 팀들이 출범식을 갖고자 저자의 출생지인 거제도 계룡산으로 가던 중, 거가대교 위에 떠 있던 상서로운 햇무리임을 밝힙니다.

Original Korean language edition copyright © 2012 by COSMOS Center.
이 책의 저작권은 코스모스 센타가 소유합니다.
저작권법에 의해 보호를 받는 저작물이므로 무단전재와 무단복제를 금합니다.

파동문명 시리즈 [1]

원하는 현실을 창조하는 우주의 힘

싸이 파워

素 空 慈

코스모스북

저자 소 공 자(素 空 慈)

한국 거제도 출생.

어린 시절부터 우주의 메커니즘과 자연의 섭리에 유달리 관심을 가지고 인생의 이치를 밝혀왔다. 29세 때 우주의 메커니즘과 일체가 되는 경지를 체험하고, 그 본질을 터득하였다. 그 후 많은 강연 및 저술 활동과 함께, 우주의 원리에 입각한 탁월한 능력으로 한국과 일본에서 경영 컨설팅을 해왔다.

사회 활동으로는 KBS와 함께 〈한국의 얼 전하기 운동〉으로 미국, 독일, 러시아, 호주, 일본 등 세계 각국의 한국 교민에게 태극기와 한복을 비롯하여 30만 권 이상의 책을 전달하였으며, 국내에서는 전국 농어촌의료봉사와 불우이웃돕기를 다년간 실시하였다.

저서로는 한국에 『우주의 경영비법과 성공의 황금률』 『싸움 없이 이겨라』 『더 나아갈 수 없는 길』 『세상을 바꾼 1%의 사람들』 『21c 손자병법』 등 20여 권이 있으며, 일본에서는 『悟りの瞬間』 『悟りの門』 『悟りの招待席』 『成功の黃金律』 등이 출간되었다. 그리고 파동문명 시리즈 2편으로 『우주경영 36계』가 곧 출간될 예정이다.

현재, 파동문명 시대를 맞이하여 싸이파워 보급에 힘쓰고 있다.

파동문명 시리즈를 발간하며

 2011년 4월 독일의 베를린 자유대학 팀들은 뇌파를 통해 생각만으로 자동차를 운전하는 모습을 전 세계에 공개했다. 두 손을 머리 위에 올린 채 액셀러레이터 페달을 밟지 않고 자유자재로 방향을 전환하며 출발하고 멈추는 등 자동차를 생각만으로 조종할 수 있음을 보여주었다.

 또 2011년 6월에 한국의 과학자들도 뇌파를 통해 집중의 힘만으로 전구를 켜고 끄거나 선풍기를 돌게 하고 K박사, 소형 장난감 자동차로 스피드 게임을 하는 모습을

동아 제공

L박사 한국의 인기 TV방송 스타킹을 통해 공개하였다.

SBS 제공

미국 뉴저지에 있는 데이비스 센타The Davis Center에서는 환자의 목소리만으로 어디가 아픈지 정확하게 진단하고, 샌디에이고의 신경음향 연구소 제프리 톰슨 박사는 환자를 진동 침대 위에 눕혀 놓고 침대의 진동 주파수만을 조절하여 몸의 이상을 치료하였다.

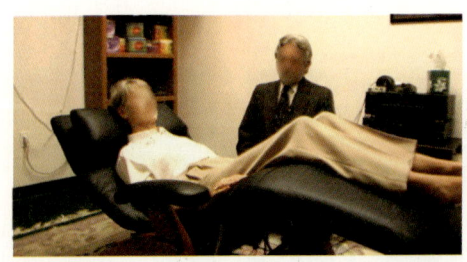

SBS 제공

지금까지의 과학은 우리 눈에 보이는 세계를 주로 다루었다. 사람을 기준으로 세상을 바라볼 때 세상은 눈에 보이는 입자현실의 세계와 눈에 보이지 않는 파동의 세계로 나눌 수가 있다. 과거의 지구문명은 눈에 보이는 입자의 세계, 즉 현실만이 진짜이고 눈에 보이지 않는 우리의 마음이나 정신 혹은 생각은 실재가 아닌 환幻이라고 생각했다.

그러나 21c에 들어서면서 우리의 생각이나 마음 또한 눈에 보이는 입자와 똑같은 물리 현상임을 알게 되었다. 현대 양자 물리학자들이 밝힌 바에 의하면, 실험을 하는 사람이 좋은 점을 밝혀내기 위해 실험을 하면 그 실험 결과는 좋은 결과로 나타나고, 나쁜 점을 밝혀내기 위해 실험을 하면 그 실험 결과는 나쁜 결과로 나타났다. 이것은 우리 마음이 실험 결과에 결정적인 요인으로 작용하였기 때문이다.

일본의 에모토 마사루江本勝 박사의 연구에 의하면, 물을 향해 사랑하는 마음을 보냈을 때와, 〈죽어라〉 하며 증오하는 마음을 보냈을 때의 물의 결정체 모양을 사진으로 찍어보면, 사랑하는 마음을 보낸 물의 결정체는 모양도 예쁘고 형태도 분명한데, 증오하는 마음을 보낸 물의 결정체는 모양이 험상궂고 망가진 것처럼 보였다.

사랑

증오

중국의 성리학은 세상을 표현할 때 천지인天地人을 쓴다. 물론 지地는 눈에 보이는 세계, 즉 현실 세계이며 천天은 눈에 보이지 않는 하늘의 세계, 즉 기氣라고 하는 에너지 파동의 세계를 말한다. 성리학이 아니더라도 세상은 눈에 보이는 지地의 세계와 바람처럼 눈에 보이지 않는 에너지 세계인 천天의 세계가 있을 것 같다는 것은 누구나 쉽게 납득할 수 있다. 그러나 생명을 가진 생명체는 인간뿐 아니라 개, 말, 사슴 등 수없이 많은데 왜 하필 인간이 천지天地와 함께 그곳에 끼어 있는지 납득이 잘 안 간다. 그러나 오늘날의 과학은 그 이유를 분명하게 말해주고 있다.

하늘이 만물을 창조하듯 지구상에서 유일하게 마음 혹은 정신이라고 불리는 파동의 세계를 통하여 세상을 움직일 수 있는 지혜를 갖춘 존재는 인간뿐이다. 때문에 인人이 하늘과 땅에 나란히 함께 있는 것이다.

이렇게 21c는 인간이 생각마음, 정신을 통해 물질세계를 조종하며 스스로 인생을 원하는 대로 창조할 수 있는 시대가 될 것이다. 이른바 파동문명이다. 지금까지가 눈에 보이는 세계, 즉 입자문명의 시대였다면 앞으로의 미래는 눈에 보이지 않는 세계, 즉 파동문명의 시대가 될 것이다. 그리고 파동문명은 크게 3가지 형태로 발전할 것이다.

첫째는 과학 문명이다. 사소하게는 손으로 리모컨을 눌러 조종하는 시대에서 앞으로는 생각만으로 조종할 수 있는 시대가 올 것이다. 자동차 운전도 생각으로 하고, 생각만 하면 로봇이 대신 움직여 주며, 치료도 몸을 절개하지 않고 소리나 진동 혹은 초음파나 레이저 등을 통해 하고, 스스로 상상만으로 병이 사라지게 하는 초超과학적 방법으로 발전할 것이다.

둘째는 인생 창조다. 지금까지는 우리 인생이 어떻게 전개되는 것인지 그 이유를 거의 몰랐다. 단지 주어진 운명이 있어 그렇게 되는가 보다 하고 체념하거나, 아니면 신神에 의해 벌어지는 것이 아닌가 생각하기도 하고, 납득할 수 없는 일은 하늘의 처벌이려니 생각하며 지냈다. 그러나 파동문명을 바로 알면 스스로 인생을 창조해 낼 수 있다.

셋째는 새로운 윤리관이다. 쉬운 예로, 생각만으로 자동차를 움직이는 시대가 되었다고 하자. 물론 그때가 되면 나름대로 보완책이 강구되겠지만, 지나가는 차를 나의 생각으로 사고를 나게 할 수도 있다. 또 생각의 힘을 통해 다른 사람을 불행하게 할 수도 있다. 그러면 미래

세계는 더 풍요롭고 살기 좋은 시대가 되는 것이 아니라 악마의 소굴처럼 변할 수도 있다.

과거 몇몇 공상과학 소설을 보면 먼 미래의 세계가 최신 소재의 물질로 이루어진 풍족하고 살기 좋은 눈부신 세계가 아니라, 무기만 최신식인 황폐한 도시와 같이 묘사된 내용이 많다. 물론 소설이지만 윤리관이 잘못 설정되면 미래의 세계는 그렇게 될 수도 있다. 그래서 미래의 세계는 악의가 없이 모두가 조화를 이뤄 발전하는 새로운 윤리관이 나와야 할 것이다.

코스모스 센타는 이렇게 미래 사회를 준비해 나가야 하는 인류 문명의 선두에서 우리 모두가 우주를 바로 알고, 마음과 정신을 바르게 쓸 수 있도록 함께 고심하며 연구하는 자세로, 인류의 등불이었던 성현들의 가르침과 과학적 증명을 통해 미래를 밝히는 데 최선을 다할 것이다.

2012년 1월

Cosmos Center CEO 공학박사 송 원 철

목차

파동문명 시리즈를 발간하며 _ 9
책머리에 _ 20

새 시대의 새 문명 _ 38

파동문명 _ 41
입자적 관념과 파동적 관념 _ 46
아프락사스의 원리 _ 56

우주의 본능과 6대 원칙 _ 63
존재의 3요소 – 핵, 축, 울타리 _ 66
우주의 감독 시스템 _ 72
우주의 축 – 6대 원칙 _ 74
우주의 안전장치 – 7:3의 황금 비율 _ 94

인간과 현실 세계 _ 99
불확실성 현실 _ 105
하늘의 뜻 _ 114

행운을 불러오는 싸이파워 _ 121

인생을 창조하는 싸이파워 _ 132

인생은 어떻게 창조되는 것일까 _ 135
천성검사 _ 142
- A. 별자리 _ 143
- B. 피타고라스 넘버 _ 149
- C. 코스모스 넘버 _ 155
- D. 라이프 패턴 _ 160
- E. 비밀의 열쇠 _ 164
- F. 에너지 패턴 _ 168

천성검사 해석하는 법 _ 175

인생 창조 _ 179
마음이 곧 하늘 _ 180
현실과 인생 _ 183
공명 현상 _ 187

인생 메커니즘 _ 195
자신의 결점을 바꾸는 〈갈아타기〉_ 213

우주를 움직이는 신성에너지 _ 218

신성에너지-싸이파워 _ 221
보디 파워 _ 232

비즈니스 싸이파워 _ 243
마음가짐 _ 245

    A. 필요한 물건을 갖길 원하거나 팔길 원할 때 _ 249

    B. 원하는 상황을 만들고자 할 때 _ 251

    C. 필요한 사람을 만나고 싶을 때 _ 253

메디컬 싸이파워 _ 257

    A. 스스로 자신을 치료할 때 _ 260

    B. 다른 사람을 치료할 때 _ 263

이미지 트레이닝 _ 267

우주와 인생 _ 275
하늘과 땅 _ 277
코스모스 패밀리 _ 288

[부록] 천성검사표 _ 293

책머리에

지금부터 30년 전, 제가 어떤 강연회에서 〈앞으로의 지구문명은 운전자가 생각으로 앞으로 간다고 하면, 차가 혼자서 앞으로 가는 시대가 될 것입니다〉라고 했을 때 신기한 눈빛으로 제 이야기를 경청하던 일이 생각납니다. 그리고 2011년 드디어 독일에서 아직은 완벽한 형태의 차는 아니지만 운전자가 생각만으로 자동차를 운전하는 모습을 전 세계에 공개하였습니다. 30년 전에 제 이야기를 들었던 분들은 너무나 놀라워하였지만, 이제 태어난 지 얼마 안 된 어린아이들은 전혀 신기한 것도 이상한 것도 아닌 당연한 것으로 받아들일 것입니다. 이렇게 문명은 과거에 비해 비약적으로 발전하였지만 그 시대를 살아가는 사람들한테는 그저 당연히 있어야 할 물건이 있는 것처럼 생각됩니다. 그러나 그 모든 발전은 그 시대에 〈알고자 했던〉 수많은 사람들의 각고의 노력이 있었기에 오늘날 우리는 당연한 혜택처럼 누릴 수 있는 것입니다. 이렇게 지금까지 많은 비밀이 밝혀지긴 했지만 예나 지금이나 그래도 분명하게 어찌해야 할지 모를 문제가 있다면 그것은 바로 〈자신의 인생〉일 것입니다.

나는 초등학교 시절에 서울의 청파동에 살았습니다. 그때 삼촌댁이 후암동에 있었는데 집에서 어머니가 떡을 만들면 그것을 삼촌 집에 갖다 주라고 심부름을 보냈습니다. 미군부대가 있는 담장 길을, 아무도 없으면 남들이 들을 수 없게 〈어?〉 〈아~〉 〈쾅 쾅 쾅〉 하는 이상한 소리를 내며 걸어가는 소년이 있었습니다. 만약 누가 본다면 틀림없이 머리가 어떻게 된 아이가 아닌가 생각했을 것입니다. 그 소년은 바로 다름 아닌 나였습니다.

한 번은 그 길을 가다가 차가 부딪치는 사고를 목격했습니다. 차 안의 사람은 피를 흘리고 있었습니다. 그때 나의 머릿속에는 〈만약 오늘 내가 이 길을 지나가지 않았다면 그래도 저 사람은 사고가 났을까〉 〈저 차들이 부딪치지 않았으면 나는 지금 무슨 생각을 하고 있을까〉 앰뷸런스가 와서 다친 사람을 싣고 갈 때에도 〈내가 없어도 저 앰뷸런스가 왔을까, 아니면 다른 차가 왔을까〉 나는 그렇게 서로 벌어지고 있는 현상 세계가 무슨 관계가 있는 것인지 무척 궁금하였습니다.

〈어?〉〈아~〉〈쾅 쾅 쾅〉 하는 소리도 〈내가 지금 이런 소리를 내지 않았으면 무슨 일이 벌어졌을까〉〈내가 이런 소리를 냈기 때문에 저 차가 지나간 것일까〉 하며, 세상에 벌어지는 수많은 현상들이 어떤 관계에서 벌어지는 것인지 무척 궁금했습니다. 또 인생은 어떻게 만들어지는지도 무척 알고 싶었습니다.

그러다 중학교 1학년이 되었을 때 남산에 시립 도서관이 문을 열었습니다. 하루는 빌려본 책을 반납하는데 옆에 반납한 책들이 쌓여 있어 무심코 책장을 넘겨보다가 매우 짜릿한 문구를 읽었습니다. 그것은 〈사람은 태어나면서부터 알기를 원한다〉였습니다. 그리고 얼른 그 책의 저자와 책 이름, 출판사 등을 적었습니다.

다음날 아침 일찍 도서관에 다시 가 그 책을 빌려 보았습니다. 그 책의 저자는 아리스토텔레스였습니다. 그리고 그 책의 이름은 『형이상학』이었습니다. 중학교 1학년 학생이 읽기에는 무언가 어려운 책이었습니다. 그러나 그때 나는 〈틀림없이 이 사람은 인생이 벌어지는 원리와, 왜 누구는 일찍 죽고 누구는 오래 살며, 또 잘살고 못사는 이유는 무엇인지 알고 있을 것이다〉라는 생각이 들었습니다. 그리고 어느 나라 사람인지, 나이는 몇 살인지 궁금했습니다. 꼭 한 번 만나보고 싶었습니다.

그래도 우리나라에 책이 나와 있으니까 유명한 사람이라고 생각되어 인명 사전을 찾아보았습니다. 그 사람 이름이 있었습니다. 아마 어린 시절의 제 인생에서 가장 짜릿한 날은 그 순간이었을 것입니다. 그리고 5분 후! 천천히 한 자 한 자 읽어 내려가던 나의 마음은 갑자기 땅이 꺼지는 듯 허망했습니다. 그가 태어난 날 앞에는 BC라는 알파벳이 쓰여 있었습니다. 그래도 나는, 이 사람은 〈무엇을 알고 싶어 했을까〉 궁금하여 서점에 가서 그 책을 구입한 뒤 무슨 뜻인지도 모르고 60번 이상을 읽었습니다.

그 뒤로 아리스토텔레스는 비록 만나 본 적은 없지만 이미 오래 전부터 잘 아는 사람처럼 친근감이 있었습니다.

학창시절에 우리 집은 아버지가 건축업을 하여 집안 형편은 별 어려움 없이 유복하게 지냈습니다. 그러다 대학교에 들어간 뒤 갑자기 집안 형편이 어려워지게 되었습니다.

아버지가 믿지 말았어야 할 사람의 말을 듣고 쌓아놓은 재산을 모두 빼앗긴 것입니다. 그때까지만 해도 경제적인 세계에 대해서는 전혀 관심이 없었는데 집안이 망하고 보니까 〈어떻게 해야 망하지 않고 계속 잘 유지할 수 있을까〉 하는 것이 무척 알고 싶었습니다. 그 나이가 되도록 내가 알고 있는 경제 개념은 〈인생에 세 번 기회가 온다〉 〈어떤 사람은 물장사술집이나 다방 등를 해야 돈을 번다〉 〈다 팔자소관이다〉 하는 막연한 말들뿐이었습니다. 인생에 세 번 기회가 온다는 말도 두 번은 망한다는 뜻인지, 아니면 점점 더 잘된다는 뜻인지 알 수 없는 말이었습니다. 또 경제학 교수나 상업 선생님을 봐도 잘사는 것 같지 않았습니다. 정말 무엇을 보고 배워야 할지 막막했습니다. 그래서 먼저, 영원히 망하지 않고 잘 유지하고 있는 모델을 찾기로 했습니다. 떵떵거리던 로마 제국도 끝내는 망했습니다. 세계를 가장 많이 정복한 칭기즈칸의 나라도 망했습니다. 중국의 은나라, 고구려, 조선 모두 망했습니다. 지구도 언젠가는 깨어져 버릴 것 같았습니다. 그렇다면 망하지 않고 꿋꿋하게 영원히 존재하는 것은 오직 우주 하나밖에 없다고 생각되었습니다. 그러나 우주를 연구한다는 것은 막연했습니다. 천체물리학적으로 알고 싶은 것이 아니라, 우주 전체가 어떻게 작용을 하고 무얼 하는지 알고 싶었기 때문입니다. 그러나 뭐가 뭔지, 어디서부터 시작해야 하는지, 어디 속 시원하게 물어 볼 데도 없었습니다. 설사 무언가 안다는 사람들의 말을 들어봐도 서로 다른 말을 하거나 아니면 지극히 인간적인 말뿐이었습니다. 출세를 해서 대통령이 되든가 아니면 정부와 손을 잡고 일을 해야만 안심할 수 있다는 따위의 통속적인 이야기들뿐이었습니다.

그러다가 문득, 우주를 알기 위해서는 먼저 인간부터

알아야 되겠다는 생각이 들었습니다. 사람이 얼마나 정확하게 알 수 있는지, 우주를 바로 보기 위해서는 무엇이 필요한지, 아는 사람이 없다면 〈나〉라도 꼭 밝혀 보고 싶었습니다. 일단 어떻게 해야겠다는 방향이 설정되니까 꼭 알 수 있을 것만 같았습니다.

그리고 그때 알렉산더의 전기를 읽으면서 나는 아주 반가운 사람을 만날 수 있었습니다. 바로 아리스토텔레스였습니다. 아리스토텔레스가 알렉산더 대왕의 선생님이었던 것입니다. 아리스토텔레스가 알렉산더를 가르치던 학교는 귀족의 자녀들만 다닐 수 있는 특별한 학교였습니다. 이 학교 학생들은 요즘 말로 하면 장관이나 아니면 고위층이 될 수 있는, 미래가 보장된 아이들이었습니다.

알렉산더가 14세쯤 되었을 때 하루는 아리스토텔레스가 학생들에게 다음과 같은 질문을 하였습니다. 〈너희들은 모두 어른이 되면 장관이나 고위층 관료가 될 것이다. 그렇게 되면 그때 이 선생님한테 무엇을 해 주겠느냐?〉 어떤 학생은 좋은 집을 선물해 드리겠다고 하고, 또 어떤 학생은 좋은 말이나 마차를 선물하겠다고 했습니다. 아리스토텔레스는 그럴 때마다 〈그래, 고맙다〉 하면서 알렉산더에게도 물어봤습니다. 그러자 알렉산더는 매우 당돌한 말을 하는 것이었습니다. 〈선생님, 말이 되는 질문을 하도록 하십시오. 아직 그때가 아닌데 지금 뭐라고 말할 수 있겠습니까?〉 그러자 아리스토텔레스는 감탄을 하며, 〈알렉산더야, 너는 반드시 훌륭한 임금이 될 것이다〉라고 말했습니다.

오늘날의 역사학자들은 그런 아리스토텔레스를 보고, 그도 역시 왕 앞에서는 고개를 숙일 수밖에 없는 사람이라고 평가하고 있습니다. 그러나 아리스토텔레스가 알렉산더에게 훌륭한 왕이 될 수 있을 것이라고 한 그 말은 아첨을 하기 위해 한 말이 아닙니다. 알렉산더는 현실을 바로 볼 수 있는 눈을 갖추었기 때문입니다. 대체로 이런 질문에는 다른 아이들처럼 미래에 자기가 왕이 된다면 무엇을 해드리겠다고 대답하는 것이 일반적입니다. 그러나 알렉산더는 자기가 왕자니까 아버지가 돌아가시면 왕이 된다 하더라도 그 전에 무슨 사고를 당할 수도 있고, 또 어찌될지 모르는 미래를 지금 왕이 아닌 상태에서 무어라고 말할 수 있겠느냐고 반문했던 것입니다. 그런 알렉산더를 알아볼 수 있는 사람이 바로 아리스토텔레스였던 것입니다.

 알렉산더는 왕이 되고 난 뒤, 전리품 중에 가치가 있는 문화유산이나 연구할 가치가 있는 것은 모두 잊지 않고 꾸준히 아리스토텔레스에게 보냈습니다.

 그렇습니다! 현실을 바로 볼 수 있다는 것은 엄청난 힘입니다. 알렉산더는 어린 나이에 왕이 되어 33살에 죽기까지 많지도 않은 소수의 군대만을 이끌고 40만이 넘는 페르시아 군대를 무찔러 함락시켰으며, 건널 수 없다고 알려진 험한 강을 말을 탄 채 건너갔습니다. 그가 그럴 수 있었던 것은 모두 〈있는 그대로〉의 현실을 바로 볼 줄 알았기 때문입니다. 그래서 그때 내가 찾아낸 것은, 우주를 알기 위해서는 반드시 현실을 바로 볼 줄 아는 안목이 있어야 한다는 것이었습니다.

그리고 두 번째로 꼭 필요한 것은 〈인간의 기능이란 어떤 것인가〉를 아는 것입니다. 많은 철학자들이 우리 인간은 세상을 제대로 알 수 없다고 하였습니다. 인간은 넓고 넓은 세상 중에 어느 한 부분만 보거나 들을 수 있기 때문입니다. 그래서 인간이 아는 모든 것은 결국 어느 한계 안에서만 유효하다고 말합니다. 그러던 중 세상을 바로 알 수 있는 진짜 지혜라는 것이 있다고 들었습니다.

그것은 불교에서 말하는 반야참 지혜라는 것입니다. 그리고 정말 참 지혜를 터득하는 것은 매우 힘들었습니다. 우리의 생각으로 얻는 답은 모두 참 지혜가 아니기 때문입니다. 쉽고 간단하게 말하면, 일반 지혜는 생각으로 시작해서 생각으로 결론을 맺지만, 참 지혜는 에너지를 통해서 에너지를 느껴 아는 것이라고 말할 수 있습니다.

나는 29살이 되어서 참 지혜를 얻었습니다. 참 지혜를 얻고 난 뒤에는, 사람들이 왜 실수를 하는지 그 이유와, 참 지혜를 얻었다는 사람들의 지혜가 한눈에 보이기 시작했습니다. 또 경제적으로 풍족하게 살 수 있는 길도 알 수 있었습니다. 돈을 번다는 것은 물장사를 하든 기계 장사를 하든, 무엇을 하느냐가 중요한 것이 아니라, 무엇을 하든 사람들이 좋아할 수 있고 또 사람을 위한 것이라면 경제적으로 성공하는 것입니다. 쉽게 말하면 많은 사람들의 호응을 얻고, 또 그들에게 이익을 줄 수 있는 것을 해야 돈이 들어오는 것입니다.

그러나 사람을 위한다는 것도 그렇게 쉬운 일은 아닙니다. 수많은 발명품들이 나름대로 필요하고 유익할 것이라고 생각되어 만들어지지만 그것들의 대부분은 사장되고 몇 가지만 호응을 얻는 것을 보면 역시 인간의 눈이 아닌 다른 눈으로 보아야 할 어떤 세계가 있는 것입니다. 물론 사람에게 매우 유익한 것일지라도 사람들이 그 가치를 모르면 그것은 실패하고 맙니다. 그러면 사람들은 실패의 원인이 운運이 좋지 않았기 때문이라고 말합니다. 이런 관점에서 보면 운이란 무언가 적중하거나 적중되지 않은 기운이라고 말할 수 있습니다. 다시 말하면 운은 어떤 기운의 움직임입니다. 우리가 흔히 〈운이 좋았다〉고 말할 때는 원하는 것을 필요한 순간에 만나거나, 아니면 많은 사람들이 원할 때 그 원하는 것을 때마침 만들었을 때를 말하는 것입니다.

결국 이와 같은 기운을 통해서 우주를 보아야 우주를 알 수 있습니다. 그리고 이 세상은 바로 그와 같은 기운에 의해 생성되고 파괴되며 존재하는 것입니다. 특히 생명체는 눈에 보이는 육체와 눈에 보이지 않는 마음이라는 기운을 갖고 있습니다.

그리고 이 보이지 않는 기운의 세계마음에 의해서 우리의 인생이 만들어집니다. 지금 여러분이 이 글을 읽으며 〈그렇다면 이 마음의 세계에 엄청나게 큰 사업을 만들어 넣어서 벼락부자가 되어야겠다〉고 생각하고 실행하면 실패합니다. 그것은 바로 이 우주도 그와 같은 기운이 있어서 서로 조화6대 원칙를 이루지 못하면 안 되기 때문입니다. 이렇게 하여 하나하나 우주의 비밀을 찾을 수 있었습니다.

세상이 어려워 보이고 뭐가 뭔지 모를 것 같은 이유는 두 가지가 있습니다. 하나는 인간이 일으키는 착오이고, 또 하나는 위에서 말한 기운氣運의 작용입니다. 이 중에서도 인간이 일으키는 착오가 그 주된 이유입니다. 이 책 본편에 나오는 에너지들 중에 자慈 에너지, 생명 에너지, 우주 에너지, 기氣, 에테르, 생명력, 프라나, 아트만, 브라만, 혼 에너지, 신성에너지 등은 모두 이 기운에 속합니다. 이 기운은 두 가지 성질을 동시에 갖고 있기 때문에 자석의 N극과 S극처럼 서로 밀어내기도 하고 끌어당기기도 합니다. 코스모스 센타에서는 이렇게 두 가지 성질을 동시에 갖고 있는 기운의 이치를 아프락사스 Abraxas의 원리라고 합니다.

우리 사람의 눈에 보이는 세상은 기운의 입자들이 뭉치고 뭉쳐 물질이 된 세계입니다. 이렇게 세상은 눈에 보이는 물질의 세계와 눈에 보이지 않는 기운의 세계가 함께 있습니다. 사람도 역시 눈으로 볼 수 있는 육체와 눈으로 볼 수 없는 마음의 기운이 함께 존재하고 있습니다. 그리고 기운은 아프락사스에 의해 서로 밀기도 하고 끌어당기기도 하여 만남과 헤어짐이 생기고, 비슷한 것끼리는 모이고 서로 다른 것끼리는 흩어지게 됩니다. 지금 주변에 함께 있는 사람들은 아는 사람이든 모르는 사람이든 지금 이 순간에 함께 있어야 하는 비슷한 주파수 그곳을 지나가야 하는를 갖고 있기 때문입니다. 그리고 자아 ego 속에 무언가 같은 생각을 갖고 있으면 같은 것끼리는 서로 뭉쳐 친분이 생기고, 친분이 생기면 친한 친구가 되는 것입니다.

눈에 보이지 않는 기운이 뭉치면 보이는 세상이 되고, 눈에 보이지 않는 마음에 원하는 형체이미지를 그리면 마음의 기운은 그 형체와 같은 주파수의 기운을 우주에서 끌어와 현실 세계에 창조해 냅니다. 코스모스 센타는 이렇게 현실 세계에 창조해 내는 힘을 싸이파워Psy-Power라고 합니다. 어떤 사람이 〈나는 저 사람이 갖고 있는 것이 부러운 것이 아니라, 저 사람이 뭔가를 갖길 원할 때 그것을 가질 수 있는 능력이 부럽습니다〉라고 말한다면 그 능력이 곧 〈싸이파워〉인 것입니다.

이 현실 세계를 주관하고 있는 것은 우주입니다. 때문에 우리가 원하는 것을 이 현실 세계에 만들기 위해서는 우주가 어떻게 작용을 하는지 알아야 합니다. 사람은 원하는데 우주가 알지 못하면 그것은 현실 세계에 나타나지 않습니다. 흔히 말하는 기도가 나를 위한 마음의 작용이라면 싸이파워는 내가 원하는 것을 우주에 전달하여 우주로 하여금 현실에 나타나게 하는 우주의 작용입니다.

지금부터 내가 하는 말을 잘 들어 보도록 하십시오. 〈밥 주세요〉 〈밥 먹어라〉라고 했을 때, 무엇이 머릿속에 떠올랐습니까? 아마 두 번 다 〈밥〉이 떠올랐을 것입니다. 기도하는 사람은 〈밥 주세요〉 하고 기도할 뿐, 〈밥 먹어라〉고는 하지 않습니다.

그러나 우주는 〈밥 주세요〉가 되었든 〈밥 먹어라〉가 되었든 두 가지 모두 밥을 먹도록 해줍니다. 왜냐하면 우주는 〈밥〉이라는 형체이미지와 같은 파장을 현실 세계에 만들 뿐, 〈주세요〉와 〈먹어라〉는 아무 상관이 없기 때문입니다. 만약 기도를 해서 현실에 나타났다면 그것은 나름대로 이미지가 분명했기 때문이지 나의 요구를 누군가가 들어준 것은 아닙니다.

싸이파워는 이렇게 〈~을 해 주세요〉 하고 원하는 것을 누군가에게 구하는 방식이 아니라, 우주가 호응할 수 있도록 우주를 움직여 원하는 것을 현실 세계에 창조하는 것입니다. 그러므로 기도가 나의 요구를 누군가가 들어주길 바라는 방식이라면, 싸이파워는 내가 우주를 통해 현실을 창조하는 방법입니다.

이 원리를 분명하게 알고 있으면 우리는 많은 착오를 줄일 수 있습니다. 그리고 원하는 〈자기 인생〉을 마음껏 창조할 수 있습니다. 또 지금까지는 보이는 세계에서 좁은 안목으로 살아왔다면, 앞으로는 훨씬 크고 넓은 보이지 않는 세계의 기운을 통해 인생을 마음껏 풍족하게 원하는 삶을 살 수 있습니다.

이 책 본편은 그렇게 여러분이 원하는 삶을 창조할 수

있도록 설명해 놓았습니다. 이제부터 여러분은 좋은 환경 속에서 항상 건강하고 행복하며 풍요가 가득한 인생을 살길 바랍니다. 그리고 이 책은 여러분의 가장 소중한 사람에게 꼭 전해 주고 싶은 책이 되길 바랍니다.

2012년 4월 5일

素 空 慈

코스모스 센타 용어

| **파동문명** | 눈에 보이는 세계가 아니라 눈으로 볼 수 없는 생각이나 마음, 정신을 통해 눈에 보이는 물질세계를 조종하거나, 원하는 것을 현실에 창조하여 자기 인생을 원하는 대로 실현할 수 있는 시대의 문명. 혹은 눈에 보이지 않는 파동을 사용해 눈에 보이는 세계에 변화를 줄 수 있는 시대의 문명.

| **아프락사스Abraxas의 원리** | 스위스의 정신의학자 칼 융이 사용한 고대 신神의 이름으로, 양극적인 것을 포괄하는 신성을 말한다. 우주 최초의 에너지는 반드시 상반된 성질을 동시에 가지고 있다. 때문에 서로 밀기도 하고 끌어당기기도 한다. 자석이 N극과 S극을 동시에 갖고 서로 밀고 당기는 이유가 아프락사스의 원리 때문이다.

| **싸이파워Psy Power** | 우주를 움직일 수 있는 인간의 정신 에너지 혹은 우주가 만물을 움직일 수 있는 물질 이전의 신성에너지. 싸이파워는 〈~을 해 주세요〉 하고 원하는 것을 누군가에게 구하는 방식이 아니라, 우주가 호응할 수 있도록 우주를 움직여 원하는 것을 현실 세계에 창조하는 방법이다.

새 시대의 새 문명
PSY POWER

파동문명

PSY POWER

사람의 입장에서 세상을 보면 크게 두 가지로 나눌 수 있다. 하나는, 우리 눈에 보이는 세계로 만물과 같은 입자의 세계이고, 또 하나는, 우리 눈에 보이지 않는 세계로 전파나 생각과 같은 파동의 세계이다.

지금까지 우리는 눈에 보이는 세계만이 실재하는 것처럼 생각해 왔다. 우리 눈으로 볼 수 있는 정도의 크기를 갖는 입자만이 진짜 존재하는 것으로 생각했던 것이다. 이렇게 눈에 보이는 세계를 통하여 느끼고 기억된 것을 우리는 마음 안에 차곡차곡 쌓아 놓고 에고ego 그것이 현실인 양 생각한다.

어떤 때는 보이는 실체가 다른 형태로 변했는데도 사람들은 같은 것이라고 생각하고, 또 같은 재료인데도 형태가 바뀌었다고 해서 다른 것이라고 말하기도 한다. 예를 들면, 어렸을 때의 모습과 어른이 되었을 때의 모습은 분명히 다른데 사람들은 같은 사람이라고 한다. 또 쌀로 떡을 만들거나 설탕으로 별 사탕을 만들면 재료가 같음에도 불구하고 서로 다른 것이라고 한다. 이렇게 인류는 지금까지 눈에 보이는 세계를 통해 많은 발전을 이룩해왔다. 이른바 입자문명이다.

우리 눈에 보이는 세계가 입자의 세계라면 우리 눈에 보이지 않는 세계는 파동의 세계다. 지금 우리 주변에는 많은 전파들이 떠다니고 있다. TV나 라디오를 켜보면 당장 전파가 있다는 사실을 알 수가 있다. 단지 우리 눈에 보이지 않을 뿐이다.

그리고 우리의 마음이나 정신 이른바 생각도 전파와 같은 파동이다. 지금까지는 TV를 켜거나 선풍기를 틀 때 손이나 리모컨을 사용하여 켜고 껐지만, 앞으로는 생각만으로 TV를 켜고 채널을 바꾸며 선풍기를 돌아가게 할 것이다.

KBS 제공

SBS 제공

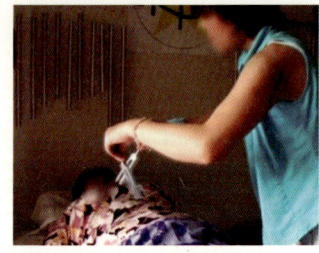
SBS 제공

네이버 제공

 자동차 역시 손과 발을 사용하지 않고 생각만으로 운전하게 될 것이다. 사격도 조준을 해서 손으로 방아쇠를 당기는 것이 아니라, 생각한 목표를 향해서 생각으로 발포를 하면 총알이 날아가 맞힐 것이다. 몸의 병도 피부를 절개하지 않고 소리나 진동 또는 초음파나 레이저 같은 광선을 이용하여 시술하고, 환자는 편안하게 음악을 들으며 치료 받는 시대가 될 것이다. 몸이 불편할 경우,

생각만 하면 도우미 로봇이 옆에서 대신 움직여 도와줄 것이며, 공부도 힘들여 외우는 것이 아니라 필요한 칩을 사서 머리와 연결시키면 못하던 외국어도 갑자기 능숙하게 알아듣고 말할 수 있게 될 것이다. 현재 이와 같은 발명품들은 이미 거의 만들어져 있다. 아직 상용화가 되지 않았을 뿐이다.

이렇게 눈으로 볼 수 없는 파동의 세계는 눈에 보이는 입자의 세계보다 아직 많은 연구가 되어 있지 않지만, 21c에 들어서면서 지구 문명은 더 이상 입자의 세계로는 설명할 수 없는 한계에 부딪히게 되었다. 그래서 파동의 세계에 대한 연구는 앞으로 지구 문명을 비약적으로 발전시켜 나갈 것이다. 이른바 파동문명이다. Ψ

입자적 관념과 파동적 관념

 지금까지 인간의 생각은 입자적 세계관으로부터 생긴 입자적 관념이다. 입자적 관념이란, 생긴 형태의 크기를 보고 크고 작음을 나누고, 눈으로 볼 수 있는 연료를 통해 에너지를 만들어 사용하며, 보이는 것을 찾아 서로 싸우고 쟁취하는 등, 기존의 물질세계가 관념의 주체가 되어 유발되는 생각을 말한다. 이에 반해 파동적 관념이란, 지금까지 입자적 관념에 익숙해져 있는 여러분의 생각으로는 무슨 뜻인지 쉽게 납득이 되지 않아 일단 먼저 혼란스럽겠지만, 우리의 마음이나 정신 혹은 생각이 근본이 되어 우주에 널리 퍼져 있는 우주 에너지를 사용해 여행을 하거나 풍요롭게 생활하는 등, 생각으로 원하는 현실을 창조하는 것을 말한다.

 그런데 이 파동적 관념을 이해하기 힘든 이유는, 입자가 〈존재적 입장〉이라면 파동은 〈작용적 입장〉이기 때문에 그렇다. 입자적 관념에서 본 어제의 물건은 어제의 모습으로 마음속에 기억되어 있기 때문에 오늘 그 물건의 형태가 바뀌었다면 우리는 모양이 변했다고 말한다. 그러나 파동적 관념은 작용적 입장이기 때문에, 세상이 정지되어 있는 것이 아니라 끊임없이 움직이고 있는 상태사실 모든 만물은 전자 현미경으로 보면 쉬지 않고 끊임없이 움직이고 있다여서, 모양이 변했다고 말하지도 않을뿐더러 어제니 오늘이니 하는 시간 개념도 없다.

사실 시간이라는 것은 어제를 기억하는 인간의 두뇌에서 나온 것이지 우주 그 자체에는 없는 것이다. 우주에는 오직 현재만 있다. 우리 사람은 과거를 기억할 뿐 형태가 항상 변하고 있다는 사실을 볼 수 없기 때문에 어제의 기억과 오늘의 모습이 다르면 변했다고 말하는 것이다. 시간 또한 인간의 눈에 보이는 별들의 운동을 기준으로 해서 설정해 놓은 약속일 뿐 우주에는 없는 것이다. 만약 시간이라는 것이 정말로 있다면 세상의 모든 시계는 언제나 같은 시각을 가리켜야 한다.

그런데 21c의 과학 기술로도 언제나 꼭 맞는 시계는 만들 수가 없다. 그것은 시간이라는 것이 이 우주에 존재하지 않기 때문이다. 그러므로 공상 과학 소설에 나오는 타임머신은 절대로 만들어질 수가 없다. 만약 시간이 정말로 있는 것이라면 지구에 특별한 사건이 벌어질 때마다 미래인미래의 더 발전된 과학이 타임머신을 만들었을 것이기 때문에이 타임머신을 타고 관광 여행이라도 왔어야 한다.

인간이 만들어 놓은 입자적 관념의 산물 중에는 돈이나 증권 같은 것들도 있다. 원래 돈이나 증권도 역시 이 우주에는 없는 것들이다. 처음에는 금을 화폐로 사용하다가 직접 가지고 다니기가 매우 불편해서 그 대용품으로 돈을 만들어 썼다. 그리고 돈의 양도 가지고 있는 금을 기준으로 해서 만들었다. 돈이 곧 금인 것이다. 그리고 이때까지만 해도 자연에 실재하는 금을 돈이 대신했다. 그러다 사람들은 우주에 없는 돈을 마치 진짜 있는 물건처럼 마구 찍어서 쓰기 시작했다. 인간의 머릿속의 계산은 입자적 관점의 계산일 뿐 실재가 아니기 때문에 훗날 돈은 경제사회에 큰 혼선을 빚어 문제가 될 것이다.

흔히 우리가 말하는 마음이라고 하는 심정 또한 입자적 관념이다. 고민을 하거나 자기 심정에 빠져 있을 때가 바로 이 입자 속에 파묻혀 있을 때다. 조심해야 할 것은, 이렇게 마음에 파묻혀 있게 되면 마음이 시야를 가려 현실을 바로 보지 못한다. 또, 다른 사람과 같은 심정끼리 서로 뭉치면 현실에 큰 문제를 일으키기도 한다. 현실을 바로 보기 위해서는 마음이 파동적 상태여야 한다. 파동적 마음은 흘러나가 현실을 살피게 된다. 그렇게 흘러나가는 마음은 상대편 심정도 느낄 수가 있다. 이렇게 파동적 마음은 이미 가지고 있는 〈어떤 것〉이 아니기 때문에 선입견이 없다. 그래서 상황을 정확하게 판단할 수가 있다.

 옛날 중국에 백발백중이라는 사람이 있었다. 직업은 군인이었으며, 활을 잘 쏴 백발백중이라고 불리었다.

 하루는 임금이 지나가다 사람들이 〈백발백중이 저기 간다〉 하며 쑤군대는 소리를 들었다. 그리하여 백발백중에 대해 알아보라고 하니까 〈지금까지 활을 쏘아 단 한

번도 못 맞힌 적이 없었다〉고 하였다. 그래서 임금은 사냥할 준비를 갖추고 백발백중을 불러오라 하였다. 항상 같이 사냥을 다니던 몇몇 장수들과 함께 임금은 사냥터로 향했다. 물론 모두의 화살 통에는 똑같이 10개의 화살이 들어 있었다. 한참 가다보니 노루가 한 마리 뛰어가고 있었다. 다른 장수들은 활을 쏘며 노루를 뒤쫓아갔다. 임금은 백발백중을 유심히 살펴보았다. 다른 장수들이 활을 쏘며 노루를 뒤쫓고 있을 때, 백발백중은 갑자기 쏜살같이 노루를 앞질러 달려가고 있었다.

그리고 얼마 후, 백발백중은 멀리서 노루를 끌고 오는 것이었다. 노루의 정면에는 정확하게 화살이 하나 꽂혀 있었다. 그리고 그의 화살 통에는 9개의 화살이 남아 있었다. 임금은 갑자기 〈오늘 사냥은 이것으로 끝내고 환궁한다〉고 하였다. 다른 장수들은 〈이제 몸이 풀리려고 하는데 왜 일찍 돌아가는 것입니까〉 하면서 임금의 뜻을 헤아리지 못하고 있었다.

궁에 돌아와서 임금은 백발백중에게 물었다.
〈사람들이 자네를 백발백중이라고 부르는 이유가 무

엇인가?〉

백발백중이 대답했다.

〈제가 활을 잘 쏘기 때문입니다.〉

〈얼마나 잘 쏘는가?〉

〈100보 안의 표적은 무엇이든 맞힐 수가 있습니다.〉

〈그 정도는 여기 있는 장수들도 모두 그렇게 할 수 있네.〉

그러자 그가 말했다.

〈저는 목표물이 백 보 안에 들어오지 않으면 화살을 뽑지 않습니다.〉

이와 같이, 흐르는 마음이 상황을 살펴서 하는 계산을 파동적 계산코스모스 센타 용어이라고 한다. 그리고 이렇게 보이는 현실이 분명해야 올바른 상황을 파악할 수가 있다. 올바른 현실, 그것을 자기 마음이라고 믿으면 자신의 심정을 다스릴 수 있다. 그래서 현실을 마음으로 삼지 않으면 마음이 현실이 되어 자신을 괴롭히는 것이다.

파동은 눈에 보이지는 않지만 우주에 실존하는 것이

므로 파동적 실재實在 파동의 세계에 존재하며 현실 세계의 관계를 형성하는 것도 존재한다. 가장 쉬운 예로, 사랑이 곧 파동이다. 그러나 파동적 실재는 단순한 파동과는 다르다. 눈에 보이지는 않지만 우주에 실제로 존재하는 것으로 현실 세계의 질서와 평화 그리고 조화를 이루어내는 주체이다. 핵심中心에 충실한 충성이나 부모를 섬기는 효도, 상대방을 배려하는 예의, 하고자 하는 뜻, 연인 간의 애정, 성현의 자비, 무사의 수호, 스승을 받들고 따르는 공경, 기업의 이념, 사람을 위한 인덕 등, 이 모든 것이 곧 파동적 실재들이다. 그리고 파동적 실재가 보이지 않는 곳에 있음으로써 보이는 현실 세계의 관계가 형성되는 것이다.

사업이 잘되는 회사는 단지 돈을 벌기 위한 마음만으로 일하지 않고, 기업 이념이라는 파동적 실재를 정해놓고 고객을 위해 일한다. 그러면 그 기업 이념이 같은 생각과 같은 파장의 사람들을 불러들여 회사가 번창하는 것이다. 기업 이념이라는 파동적 실재가 사업주와 고객의 관계를 형성한 것이다.

파동적 실재는 파동문명 시대에 매우 중요한 과제이기도 하다. 이 실재는 우주에 존재하는 것으로 만약 이 실재를 모르면 인류 사회의 질서가 혼란해진다. 예를 들어, 부모와 자식 간에는 효孝와 인仁이 있다. 부모는 자식을 잘 가르치고 키워야 하며 자식은 부모를 잘 봉양해야 한다. 그러나 부모도 자식도 사람이기에 부모와 자식 간에 서로 생각이 달라 트러블이 생길 수도 있다. 자식은 부모가 바라는 대로 커주질 않고 부모는 또 자식의 입장을 모르고 멋대로 하여 자식의 속을 애타게 할 수도 있다. 그래서 부모는 우주의 실재인 인을 베풀어야 하고 자식은 우주의 실재인 효를 지켜야 하는 것이다. 부모가 아무리 경우에 맞지 않는 말을 한다 하여도 자식이 화를 내며 부모를 찾아보지 않는다면 그 자식은 우주의 실재인 효를 어긴 것이다. 또 자식이 부모 말을 듣지 않는다 하여 어진 마음을 베풀지 않고 쫓아 버린다면 부모의 도리를 다하지 못하는 것이다. 경우에 맞든 안 맞든 서로 용서하고 화목할 수 있기 위해서는 반드시 파동적 실재를 지켜야 한다. 이렇게 파동적 실재를 지키는 것을 도리道理라고 한다. 도리를 지키지 않으면 배신과 증오와 전쟁만이 남게 된다.

흔히 말하길 〈사랑하라, 사랑을 베풀라〉라고 하는데 파동적 실재를 모르면 진정한 사랑이 나올 수가 없다. 무조건 하는 사랑은 사랑이 아니라 사실은 미친 짓이다. 왜냐하면 파동적 실재가 없기 때문이다. 성현들이 인류에게 사랑을 베풀 수 있는 것은 파동적 실재에 자비가 있기 때문이며, 직업 정신이 투철한 사람은 파동적 실재에 직업의식이 있기 때문이다. 상사는 부하에게 덕이 있어야 하고 스승은 제자에게 지知를 가르쳐야 하는 이유도 바로 파동적 실재가 있기 때문이다.

옛날부터 동양에서는 여자보다 남자들이 큰일을 해낸다고 하여, 남자를 우대하는 경향이 있었다. 여자는 현실적인 안목은 갖추었지만 생각의 폭이 오로지 자기 애착이나 욕심에 국한되어 있어 자기를 위해서만 노력하지만, 남자는 〈세계 통일을 위하여〉라든가 〈국민을 위하여〉와 같은 〈파동적 실재〉를 목표로 정해 놓고, 그 실재를 위해 헌신하기 때문에 대장부라고 높이 치켜세웠던 것이다. 결국 남자들의 큰일이란 개인적인 사사로운 욕심이 아니라 모두를 위해 자신을 희생하며 하는 일이란 뜻이다. 그러나 남자들이 아무리 높은 뜻을 품고 있어도 눈앞의 현실을 바로 보지 못하고 현실에 적응할 수 없다면 그 뜻은 실현될 수 없다. 때문에 이런 남자들 중에는 실제로 밥벌이를 하지 못한 위인들도 많이 있다.

동양의 학문 중에는 우정, 의리, 신용과 같은 파동적 실재를 밝히고, 이것을 인류 사회의 축으로 만들어 그 축을 사람의 도리로 삼고 지킴으로써 사회를 평화롭게 만들고자 했던 성리학 같은 훌륭한 학문도 있다. 그리고 많은 성현들이 밝히고자 했던 진리 역시 파동적 실재에 바탕을 두고 있다. 이와 같이 파동적 실재를 찾아 인생의 절대적 행복을 터득하기 위한 길을 동양에서는 도道라고 한다. Ψ

아프락사스의 원리

우주는 사실 매우 단순하다. 그런데 우리는 우주를 알 수 없는 무한한 비밀을 간직하고 있는 것처럼 생각한다. 그 이유는 다음과 같다.

일단 물리학적으로 눈에 보이는 물체를 쪼개고 쪼개서 더 이상 쪼갤 수 없는 미립자, 즉 소素의 상태가 되었다고 가정하자. 이때부터는 입자라기보다는 차라리 파동으로 작용하기가 쉽다. 또 이 상태에서 세상을 보면 세상은 밤하늘에 찬란히 빛나는 별처럼 수많은 물체가 보이는 것이 아니라 아무것도 없는 텅 빈 공空의 상태로 보인다. 그리고 여기에 아주 중요한 우주의 비밀이 있다. 그것은 우주의 미립자는 반드시 상반된 성질을 동시에 가지고 있다는 것이다. 이것을 코스모스 센타에서는 아프락사스Abraxas의 원리라고 한다.

아프락사스는 고대 신神의 이름으로 선과 악, 삶과 죽음, 빛과 어둠 등 양극적인 것을 포괄하는 신성이라고 스위스의 정신 의학자 칼 융이 말했다. 이렇게 미립자는 상반된 두 가지 성질로 이루어져 있기 때문에 스스로 작용을 한다. 스스로 하는 작용을 한자로는 자慈라고 한다. 우리가 흔히 말하는 자비와 사랑이 곧 자慈이다. 이에 반해서 인위적인 움직임은 작作이라고 한다.

이렇게 우주 최초의 작용인 자慈는 두 가지 성질을 동시에 갖고 있기 때문에 서로 밀기도 하고 끌어당기기도 한다. 다시 말하면 미는 힘, 즉 튀어나기려고 하는 원심력과 끌어당기는 힘, 즉 구심력을 함께 갖추고 있는 것이다. 그리고 성리학에서는 이것을 태극이라고 한다. 자석이 N극과 S극을 동시에 갖고 서로 밀고 당기는 이유가 바로 아프락사스의 원리 때문인 것이다.

이렇듯 서로 당기는 힘에 의해 입자가 뭉치고 뭉치면 그 입자들은 우리 눈에 보이는 물체가 되고, 그 물체들로 이루어진 세계가 지금 여러분 눈앞에 보이는 세상이다. 그리고 이렇게 끌어당기는 힘을 성리학에서는 음陰이라고 한다. 반대로 밀어내거나 튀어나가려고 하는 힘은 양陽이라고 한다. 이렇게 세상 모든 만물은 두 가지 성질을 동시에 갖고 있기 때문에 우리 눈에는 움직이지 않고 정지해 있는 것처럼 보이지만 사실 모든 물체 속에는 양 에너지가 숨어 있어서 모두가 끊임없이 움직이고 있는 것이다. 그리고 끌어당기는 음 에너지가 점점 약해지고 양 에너지가 강해지면 결국 어느 순간 그 물체는 부서져 버리게 된다. 그러면 그 물체는 우리 눈에 보이지 않는 양 에너지 쪽으로 바뀌는 것이다. 우주는 이렇게 보이는 물체의 세계와 보이지 않아 없는 것처럼 보이는 허공의 세계가 아프락사스적으로 함께 존재하고 있다.

사람도 남자와 여자가 서로 다른 것 같지만 사실은 동시에 함께 있는 것이다. 쉽게 말하면, 남자 속에는 여자가 숨어 있고 여자 속에는 남자가 숨어 있다. 단지 어느 한쪽이 강하게 작용하는 듯싶다가 그 힘이 약해지면 숨어 있는 반대쪽 성질로 바뀌게 된다. 성리학에서는 양 에너지는 ―라고 표시하고 음 에너지는 --라고 표시한다. 그런데 남자를 표시할 때는 음 에너지 2개와 양 에너지 1개로 표시한다. 즉 남자의 몸 안에는 여성 에너지 2개와 남성 에너지 1개가 있는 것이다.

음 에너지는 끌어당기는 에너지다. 그러므로 여성은 남성을 끌어당기려고 한다. 물론 남성 에너지는 뻗어나가는 양 에너지이기 때문에 여성을 차지하려 한다. 그런데 남자의 몸속에는 그 끌어당기는 음의 기운이 2개나 있다. 그리고 남성 에너지인 양 에너지는 1개뿐이다. 결국 남자 속에 있는 양 에너지는 2개의 음 에너지가 당기는 힘보다 같거나 커야 그 남자가 남자의 역할을 할 수 있다. 결국 남성 에너지는 1개지만 2개의 음 에너지가 끌어당기는 힘을 견뎌내기 위해서 그 힘이 2배로 커져야만 된다. 쉽게 말하면 여자 아이 2명이 끌어당겨도 끌려가지 않는 남자 어른이 되어야 하는 것이다. 결국 남성 에너지의 작용이 2배 이상 더 강해져야 되는 것이다. 그래서 남자는 겉으로 보기에 뻗어나가는 남성미가 두드러져 보이는 것이다.

물론 여자도 같은 이유에서 남성 에너지 2개와 여성 에너지 1개로 이루어져 있다. 2개의 남성 에너지가 튀어나가려고 하는 것을 막기 위해 음성 에너지가 강하게 누르다 보니 겉으로 볼 때는 음 에너지가 강하게 작용해 여성스럽게 보이는 것이다. 그러나 남자의 남성 에너지도 나이를 먹어 50~60세가 되면 점점 약해져 여자처럼 변하고, 여자의 강했던 여성 에너지도 끌어당기는 힘이 점점 약해지면 남자처럼 변해서 젊었을 때와는 완전히 반대 신세가 된다. 그래서 젊었을 때 여자는 남자를 끌어당기고 남자는 여자를 차지하면서 그 둘이 서로 같은 에너지인 줄도 모르고 스스로 만족하다가, 나이를 먹으면서 에너지가 서로 바뀐 줄도 모르고, 남편은 〈다시 태어나도 지금 아내와 함께 살겠다〉고 여자처럼 말하고, 아내는 〈다시 태어나면 다른 남자와 살고 싶다〉고 남자처럼 말하는 것이다. 그래서 남자는 남성 에너지가 활발할 때 경제적으로 부족함이 없도록 모든 것을 갖춰놔야 한다. 그래야 늙어서 남자처럼 활동적인 아내의 보살핌을 받을 수 있는 것이다. 성리학은 이렇게 보이는 입자의 개수로 보이지 않는 파동의 세기를 표현해 놓았다.

우리의 마음도 알고 보면 자慈 에너지다. 그렇기 때문에 끌어당기는 작용과 밀어내는 작용을 동시에 하고 있다. 원하는 것이나 두려운 것을 양 에너지가 이미지로 그려서 우주에 내보내면, 음 에너지가 우주에 있는 형상을 불러들여 현실 세계에 만들어낸다. 친한 친구나 같은 취미를 가진 친구는 서로 같은 취향이 끌어들인 결과이고, 현실로 이루어지기 전에 마음이 먼저 기뻐하면 현실에 이루어지지 않는 것은 그 기쁜 마음이 현실의 기쁜 일을 밀어낸 결과이다. 욕구는 끌어당기고 만족은 밀어낸다.

그리고 여기서 말하는 아프락사스의 원리는 결코 반대 개념이라는 의미가 아니다. 이 원리는 현실에 바탕을 두고 있기 때문에 우주의 실체가 있어야 한다. 예를 들면, 선과 악이라는 것은 우주에 존재하는 실체가 아니다. 〈예쁘다〉와 〈못생겼다〉도 우주에 존재하는 실체가 아니다. 그런 것은 사람의 마음속에 있는 것이지 우주에는 없는 것이다. 그러므로 아프락사스가 아니다.

결국 파동문명 차원에서 〈우주란 무엇인가〉 하고 묻는다면 간단하게 대답해서 소공자素空慈 만물을 쪼개고 쪼개면 파동에 가까운 소립자素가 되고, 그 형태는 텅 빈空 세상처럼 보이며, 스스로 작용慈을 일으켜 만물을 창조한다라고 말할 수 있다. Ψ

우주의 본능과 6대 원칙

PSY POWER

아프락사스의 원리를 잘 이해하면 우주는 아주 단순하다. 그리고 우주가 하는 일은 한 가지밖에 없다. 그것은 바로 우주 스스로 자신을 보존하고자 하는 것이다. 물론 아프락사스에 의해 만물이 생겼다 없어지는 작용도 결국은 우주가 스스로 자신을 보존하기 위한 것이다. 왜냐하면 작용의 아프락사스가 곧 존재이기 때문이다. 그것은 흐르는 물이 썩지 않는 것과 같다. 물이 있기에 흐를 수 있고 흐르기 때문에 물이 썩지 않는 관계와 같은 것이다. 그렇다고 우주가 만물로 하여금 제멋대로 움직이게 하지는 않는다. 왜냐하면 제멋대로 날뛰다 서로 부딪치고 깨지면 우주 자체가 부서져 버릴 수도 있기 때문이다. 그래서 우주는 일정한 원칙을 내세워 그 원칙에 위배되면 가차없이 소멸하게 만들었다. 이른바 우주의 축인 6대 원칙이다. 이 6대 원칙은 지구가 일정한 방향으로 돌며 자신을 지키듯이 우주가 자신을 지키기 위한

지구의 축과 같은 것이다. 결국 우주의 본능 안에는 지켜야 할 여섯 가지 원칙이 담겨 있는 것이다.Ψ

존재의 3요소 - 핵, 축, 울타리

 사람도 이 우주에 있는 한, 우주와 똑같은 우주의 일부분이다. 사람의 욕심과 잘되려는 마음 또한 우주가 스스로를 보존하고자 하는 본능과 같은 것이다. 단지 다른 점이 있다면, 우주는 영원히 존재하지만 사람은 우주가 영원히 존재할 수 있도록 6대 원칙의 영향을 받는다는 것이다. 그리고 우주는 존재를 위해 반드시 모든 존재에 그 중심을 갖추도록 핵核을 만들어 놓았다.

 우주가 스스로 자신을 영원히 보존하기 위해 갖추어야 할 필수적인 조건이 있다면, 그것은 부분에서부터 전체까지 모두를 온전하게 보살펴 주기 위한 책임자가 있어야 한다는 것이다. 그리고 책임의 세계가 갖추어지기 위해서는 반드시 서열이 있어야 한다. 이렇게 서열의 체계를 갖추기 위한 조치가 곧 격格class이다.

우주는 결코 평등하지 않다. 모두가 다 평등하면 우주는 죽어버릴 것이다. 우주에는 지배라고 할 수는 없지만 실질적으로 엄격한 서열이 있어서 위에 있는 지배자가 아래 있는 피지배 세계를 거느리도록 만들어져 있다. 그 이유는 지배자는 그 범주를 책임지고 있기 때문이다. 피지배자는 자신만을 위해 산다. 그러나 지배자는 피지배자들이 편안하게 살 수 있도록 그 세계를 돌보며 지켜준다. 그렇게 지배자가 지키는 세계가 곧 지배자의 인생이 되는 것이다. 이렇게 우주는 층층이 지배체제를 갖춰놓고 자신을 보존하고 있다.

격은 우주의 중심核에 가까울수록 높다. 그리고 그 분포도 세밀하고 또렷하며 영롱하다. 인간적으로 설명하면, 머리도 좋고 전체적인 안목과 세심함을 갖추었다고 말할 수 있다. 이와 같이 우주의 핵과 일치된 사람을 우리는 성현이라고 부른다. 그리고 성현들은 인간 세상의 모든 부분을 책임지고 보살핀다. 뿐만 아니라 그들은 자신보다 인류를 더 위하고 또 인간세계에 우주의 원리를 가르친다. 그래서 사람들은 자신을 위해 희생해 준 성현을 그리스도라고 부르거나 아니면 우주의 원리를 깨우친 사람, 즉 붓다라고 말한다.

 짐승들은 누가 가르쳐 주지 않았는데도 본능적으로 서열을 갖추고 있다. 물개는 대장 수컷이 암컷을 60마리 이상 거느리고 산다. 그 세계를 책임지고 보살피며 종족을 번식시키기 위해서다. 개들이 으르렁거리는 것도 알고 보면 서열을 다투기 때문이다. 이처럼 모든 동물들을 유심히 관찰하면 책임자와 그를 따르는 무리로 서열이 나누어진다. 마찬가지로 사람도 우주의 책임정신을 갖추어야 한다. 우리가 잘살아야 하는 이유도 여기에 있다.

 성공이란 바꿔 말하면 책임질 수 있는 지배 세계가 있다는 뜻이다. 세상살이가 어렵다고만 말하지 말고 그 어려운 세계를 지배하라. 그러면 지배한 만큼 성공한 것이다. 그리고 우주는 스스로 책임지지 않는 피지배 세계는 소멸하도록 만들었다. 만약 지금 여러분의 삶이 힘들고 어렵다면 그것은 그 여건을 지배할 수 있는 마음의 크기가 아니기 때문이다. 그렇다면 의도적으로라도 그 삶을 지배하라. 미국의 인디언들의 금언에 〈당신이 생각하고 있는 것을 만 번 이상 반복하면 당신은 그런 사람이 되어 간다〉는 말이 있다. 여기서 의도라는 것은 인디언의 금언처럼 〈현실로 될 때까지 꾸준히〉라는 뜻이다.

원하는 것을 항상 가슴에 꾸준히 품고 있으면 저절로 손에 쥐는 때가 반드시 온다. 이렇게 될 때까지 꾸준히 가슴에 품고 〈의도〉하면 의도의 파장은 우주로 하여금 되도록 만든다. 그러면 마음의 폭도 커져 보다 가까이 우주의 핵심에 도달할 것이다. 이것이 우주가 중심핵을 갖고 모두 세계를 거느릴 수 있도록 조치한 격의 세계다.

만물이 가장 안전하게 그리고 평화롭게 우주의 풍요를 누릴 수 있기 위해서는 우주와 그 축을 맞춰야 한다. 지구가 안전하기 위해서 항상 일정한 축을 통해 돌듯, 우주 속의 모든 피조물들이 평화롭게 존재하기 위해서는 반드시 우주와 축을 맞춰야 한다. 그리고 모든 존재들이 가장 행복하게 우주의 기쁨을 같이 누릴 수 있기 위해서는 우주의 핵과 자신의 핵을 일치시켜 우주의 핵을 자신의 것으로 삼아야 한다. 이렇게 우주의 핵을 자신의 것으로 한 사람을 깨달은 사람 혹은 하늘의 지혜를 터득한 사람, 즉 성현이라고 말한다. 성현은 자신을 지배하고 우주를 밝혀 세상 모든 사람들에게 우주의 혜택을 누릴 수 있도록 하늘의 지혜를 가르치는 사람이다.

원래 크기란, 입자적 관념이기 때문에 부득이 표현을 위해 사용할 수밖에 없는 단어지만 사실 우주의 크기는 설명할 길이 없다. 그러나 모든 피조물들은 그 크기가 분명하다. 그리고 그 크기를 통해서 존재를 느낀다. 입자의 크기는 반드시 울타리와 같은 경계가 있어 그 크기를 알 수 있다. 파동 또한 경계가 서로 엉켜 있는 것 같지만 사이클 혹은 주파수라고 하여 뚜렷한 크기를 갖추고 있다.

FM과 AM 라디오는 주파수 세계가 서로 다르며, 도는 도, 레는 레로 건반의 음도 분명하게 다르다. 이렇게 **우주는 서로 다른 존재들이 각각 존재할 수 있도록 존재의 중심인 〈핵〉과 작용의 기준인 〈축〉 그리고 형태의 크**

기를 말해주는 〈울타리경계〉를 갖추고 있다. 그리고 이 핵, 축, 울타리의 세 요소는 모든 존재들과 나라, 가정, 회사 등 어디에나 적용되는 〈존재의 3요소〉이다. Ψ

우주의 감독 시스템

우주에 산재해 있는 자慈 에너지를 동양에서는 기氣라고 하고 서양에서는 에테르Ether라고 부른다. 그리고 이 자慈 에너지는 우주 어디에나 없는 곳이 없이 모두 깔려 있다. 이는 곧 생명력으로, 서로 다른 성질의 작용이 동시에 이루어지고 있기 때문에 항상 움직일 수밖에 없다. 그래서 스스로 작용을 하는 생명력을 갖춘 에너지이다. 그리고 서로 다른 성질의 작용은 강약의 세기가 있어 흐름이 있다. 여기서 서로 다른 성질이란, 밀어내기와 끌어당기기의 두 가지 형태를 말한다.

인간의 입장에서 보면 이 우주는 보고 느껴 알 수 있는 땅의 세계와 보이지 않아 알 수 없는 하늘의 세계가 있다. **하늘의 세계에서 이루어진 어떤 계획이 이 땅 위에 실현되기 위해서는 하늘은 반드시 끌어당기고 땅에서는 활기차게 활동을 하여야 한다.** 그리고 이 모든 작용이 곧 우주의 존재를 위해 이루어져야 하기 때문에, 하늘의 뜻과 땅의 실현 사이에 해가 되는 무리한 작용과 과실을 검열하는 우주의 감독관이 필요하다. 이 감독 시스템이 곧 6대 원칙이다.

자慈 에너지는 결국 힘이다. 이 세상은 보이는 세상이든 보이지 않는 세상이든 어디에나 힘이 존재한다. 그래서 악당도 존재할 수 있는 것이다. 그러나 악당이 되었든 천사가 되었든 우주의 축인 6대 원칙에 부합하지 못하면 우주는 가차없이 파괴시켜 버린다. 이렇게 6대 원칙은 우주를 지키며 만물이 평화롭게 존재할 수 있도록 설치되어 있는 〈우주 지킴이〉이다. 때문에 6대 원칙은 우리의 삶과도 매우 밀접한 관계가 있다.Ψ

우주의 축 - 6대 원칙

(((| 제1원칙 | **이득의 원칙**

우주는 근본적으로 이득이 되지 않는 작용은 결코 하지 않는다. 반드시 어떤 이득을 창출하기 위하여 작용한다. 때문에 우리가 보기에 뭔가 손해가 되는 듯한 상황이 전개되더라도 그 이면에는 반드시 더 큰 이익이 숨겨져 있다.

예를 들어, 지구에서 벌어지는 갖가지 천재지변들은 우리 인간생활에 해를 끼치기도 하고 자연 자신도 손상을 입지만, 그것은 바로 이 지구를 보호하려는 우주의 자구책이다. 만약 그 지진, 그 태풍이 일어나지 않았다면 아마 지구는 파괴되어 전체가 사라져 버렸을지도 모른다.

그래서 사업을 할 때도 반드시 가슴에 이득을 품고 시작해야 한다. 돈을 벌겠다는 욕심은 이득이 아니다. 원래 돈이란 우주에는 없는 존재다. 이득이란, 사업을 하는 자신뿐만 아니라 상대편에게도 역시 생겨야 하는 것이다. 그리고 돈이란, 상대편이 주어도 아깝지 않을 만큼 이득을 얻었을 때 지불하는 대가이며, 또 그렇게 이득을 준 대가로 받는 수입이지, 상대에게 손해를 주며 나만 이득을 얻겠다고 하면 우주는 언젠가 그 대가로 피해를 되돌려 주게 된다. 그러므로 사업이란 어떤 이득을 줄 것인가가 분명하면 할수록 크게 성공한다. 그러나 인생을 살다 보면 때로는 생각지도 못한 손해를 볼 때도 있다. 그럴 때는 담담하게 손해를 받아들이고 더 큰 이익을 창출하면 된다. 쉬운 예로, 아끼는 100만 원짜리 물건을 망가뜨렸을 때 같은 종류의 150만 원짜리를 구입하면 결국 더 좋은 것으로 바꾸는 이득 계기가 되는 것이다.

또 이득의 원칙을 잘못 이해하면 눈앞의 이익에 마음을 빼앗겨 자신을 망쳐 버리는 경우도 있다. 이득은 욕심이 아닌 인생이라는 바탕에 그 뜻을 두어야지 눈앞에 당장 이익이 된다 하여 이익을 쫓아다니면 그것은 곧 사기를 불러들이는 계기가 된다. 결국 이득은 가슴에 품고, 주며, 끌어오는 것이지 결코 끌려가서는 안 되는 것이다. 그래서 우주는 〈가슴에 이득을 품지 않는 자들은 굶어 죽어라〉 하고 말하는지도 모른다. 모두에게 이득을 주기 위한 큰마음, 그것은 우주의 원칙에 부합되므로 우주는 반드시 큰마음을 베푸는 자에게 큰 이득을 안겨 줄 것이다.

| 제2원칙 | **계산의 원칙**

계산은 크게 나누어 두 가지가 있다. 하나는 입자적 계산이고 또 하나는 파동적 계산이다. 대체로 여러분이 하고 있는 계산은 입자적 계산이다.

한 아줌마가 머리 위에 커다란 바구니를 이고 걷고 있

었다. 그 바구니 속에는 달걀이 100개 들어 있었다. 달걀 하나의 값이 100원이라면 전부 만 원어치인 셈이다. 이 달걀을 모두 부화시키면 닭이 100마리가 된다. 그 백 마리가 또 알을 하나씩 낳으면 곧 닭은 200마리, 그 200마리가… 하면서 걷다가 옆을 스쳐가는 자전거를 보지 못하고 부딪치면 지금까지 하던 계산은 모두 꽝이다.

여기에서 지금까지 아줌마가 머릿속에서 하던 계산이 곧 입자적 계산이다. 자전거를 보지 못하고 부딪쳐서 한순간에 제로 상태가 되는 것은 파동적 계산이다. 이처럼 우리는 입자적 계산에는 익숙해져 있지만 파동적 계산은 서투르다.

입자의 세계는 크면 클수록 영향력이 있다. 회사도 작은 회사보다는 큰 회사가 유리하다. 왜냐하면 끌어당기는 힘이 크기 때문이다. 그러나 너무 커서 스스로 지탱하기 힘들게 되면 우주는 가차없이 파괴시켜 버린다. 그리고 입자가 커지면 속도는 무디게 된다. 반면에 파동은 몸이 가볍다. 그래서 속도가 빠르다. 빠른 속도로 입자를 치면 입자는 파괴된다. 파동은 핵무기와 같은 파괴력이 있는 것이다. 인생도 가진 것이 없는 젊었을 때는 남보다 발 빠르게 움직여야 한다. 그래야 조금씩 조금씩 자기 세계를 구축할 수가 있다. 젊었을 때 열심히 배우고 일해야 하는 이유가 바로 이것이다.

입자의 세계는 일정한 법칙이 있다. 그리고 그 법칙은 모두가 볼 수 있도록 증명할 수가 있다. 그렇게 증명된 법칙은 누구나 배워서 알 수 있다. 지식은 곧 입자의 세계에서 나온 산물이다. 그리고 이와 같은 지식을 통해 인류는 문명사회를 이룩했다. 반면 파동의 세계는 눈에 보이지 않는 힘이 있어 그 힘이 움직일 때마다 이치가 생겨난다. 그리고 이치에 능숙해지면 지혜가 생긴다. 사업이 잘되려면 이런 지혜가 있어야 한다. 이치에 의한 계산, 그것이 곧 경영이다.

입자문명이 보이는 세계에서 증명할 수 있는 계산에 의해 밝혀지는 것이라면 파동문명은 보이지 않는 에너지를 느낄 수 있는 감각이 필요하다. 이른바 육감이다. 경

영은 육감을 통해 조짐을 읽을 수 있어야만 가능하다. 그래서 유능한 경영자는 반드시 물질을 통하지 않더라도, 예컨대 문화사업과 예술을 통해서도 크게 수입을 올릴 수가 있다. 문화와 예술 또한 파동문명이기 때문이다.

이 세상에 있는 모든 것은 우주 그 자신의 것이다. 다섯 손가락이 모두 그 손의 것인 것처럼 우주에게는 모든 것이 똑같이 소중한 자신이다. 만일 누군가가 여러분의 아이를 소중하게 잘 보살펴 준다면 여러분은 나머지 아이들도 모두 그 사람에게 맡기고 싶을 것이다. 그렇듯이 여러분이 가지고 있는 물건이든 데리고 있는 사람이든 아니면 키우는 동물이든 그 어떤 것이라도 소중하게 아끼면서 잘 간직하면 우주는 여러분이 필요로 하는 것은 무엇이든 여러분에게 맡기고 싶어 할 것이다. 내 것과 남의 것, 비싼 것과 싼 것 모두 똑같이 소중하게 간직하면 우주는 아낌없이 그 사람에게 자신을 맡긴다. 이것이 우주로부터 복을 받는 길이며 부자가 되기 위한 우주의 계산법이다. 결국 **부자가 되는 지름길은, 내 것이든 남의 것이든, 싸구려든 비싼 것이든 모든 것을 고맙고 소**

중하게 잘 사용하고 간직하는 것이다. 그러면 우주로부터 많은 것을 부여 받게 된다. 이렇게 우주는 무사태평하게 선심만 베풀고 있는 것이 아니라 나름대로 예민한 계산 하에 안정을 취하고 있는 것이다.

 만약 여러분이 누군가에게 도움을 받았으면 먼저 그 고마움에 감사하는 계산을 할 줄 알아야 한다. 그리하면 그 감사한 마음이 또 다시 감사할 일을 불러들일 것이다. 그리고 훗날 자신도 베풀 수 있어야 한다. 받는 감사는 결핍이 내재되어 있지만 베풀어서 다른 사람이 감사를 느끼도록 해주면 그 속에는 풍요가 내재되어 있어 더 큰 풍요를 불러들이게 된다. 우주로부터 엄청 큰 고마움을 받기 위한 조건이 있다면 그것은 우주만큼 커다란 베풂을 베풀면 된다. 이처럼 감사는 피조물끼리의 경계도 허물고 우주와의 경계도 허물어 하나가 되기 위한 터널과 같은 것이다.

 사람이 누군가에게 도움을 받으면 그 사람을 보기만 해도, 아니 생각만 해도 마음이 저절로 감사상태코스모스 센타 용어가 된다. 이렇게 감사상태에서 고마운 눈빛을 보내면 도와 준 사람은 자신이 아끼는 소중한 무엇이라도 다 내어 주고 싶게 된다. 여러분이 누군가에게 선물을 주었을 때 그 사람이 뛸 듯이 기뻐하며 고마워하면 여러분은 또다시 선물을 주고 싶을 것이다. 주었을 때 상대방이 고마워하는 마음을 알고, 본인이 받았을 때 고마움을 느꼈다면 비로소 진정한 감사상태가 무엇인지 알 수가 있다. 이렇게 감사상태란, 주고받음을 통해서 보이지 않는 우주의 숨결을 직접 느낄 수 있는 유일한 길이다.

여러분이 감사상태에 있게 되면 우주는 여러분이 필요로 하는 것을 모두 들어 주게 된다. 그리고 자신이 원하는 바가 이루어졌을 때는 원했던 것이 무엇이 되었든 간에 항상 우주에 대한 고마움을 잊지 말아야 한다. 계산 중에 가장 큰 계산, 그것은 우주 안의 모든 것을 소중하게 생각하며 우주를 향한 감사상태에 있는 것이다. 여기서 말하는 감사상태란 〈감사합니다〉 하고 인사하고 난 뒤의 상태가 아니라, 가슴에 감사가 가득 느껴지는 상태이다. 여러분이 원하는 것을 우주로부터 받기 위해서는 반드시 감사상태에 있어야 한다. 그러므로 이미 받은 것처럼 감사상태에서 원하라. 그리고 감사상태에 있으라. 그리하면 우주로부터 원하는 것을 모두 받게 될 것이다. 이것이 우주에서 가장 큰 우주의 계산법이다.

| 제3원칙 | 락樂의 원칙

사람의 기분이나 감정은 크게 나눠 희로애락喜怒哀樂 기쁨, 화남, 슬픔, 즐거움 4가지가 있지만 우주는 헤어짐, 죽음, 슬픔, 고통 등은 없고 오로지 한 가지 상태만 있다. 그것은 곧 기쁨과 즐거움이 섞여 있는 락樂의 상태다. 이 락의 상태를 굳이 한마디로 표현한다면 신바람코스모스 센타 용어이라고 말할 수 있다.

걱정스러운 마음으로 일을 하면 일의 성과도 좋지 않을뿐더러 사고 등 걱정스러운 일이 생긴다. 하고 있는 일이 빠르게 좋은 성과를 내기 위해서는 기쁜 마음으로 즐겁게 일을 해야 한다. 왜냐하면 우주는 항상 기쁘고 즐겁게 파동치고 있기 때문이다. 그리고 이렇게 기쁘고 즐거운 마음으로 신나게 하는 일이 계산적으로도 가장 손실이 적고 이득이 많다. 결국 우주는 〈락〉을 통해 자신 속에 있는 모든 것들의 조화하모니를 이루는 것이다. 한마디로 〈락〉은 곧 조화다. 그래서 항상 슬픈 노래를 부르며 세상과의 조화가 아닌 이별을 노래하는 가수는 이상하게 일찍 죽는다. 〈락〉의 원칙에 위배되었기 때문이다.

조화 상태에서는 저절로 즐기워진다. 즐거움은 곧 건강한 상태이기도 하다. 건강 역시 몸과 마음의 조화이기 때문이다. 결국 조화롭지 못하면 즐겁지도 건강하지도 않다는 뜻이다. 마음이 가는 곳에 현실이 따라온다. 마음이 움직여 일을 하면 현실에 성과가 나타나 즐거움이 따르기 때문이다. 그러나 몸과 마음이 조화롭지 못하면 병이 생기고, 마음이 움직이지 않고 몸만 움직여 일을 하면 귀찮고 짜증이 난다. 이렇게 우주가 원하는 삶을 살지 않고 자신의 입장에서만 살게 되면 세상이 슬퍼져 결국 소멸하고 만다. 그러나 우주가 원하는 〈락〉을 통해 조화를 이루면 그것이 곧 성공이다.

 우주의 작용원칙에 부합되지 못하면 소멸한다. 일뿐만 아니라 인간관계도 마찬가지다. 사람과 사람 사이에는 배려와 예절이 있어야 하고, 부모와 자식 간에는 도리가 있어야 하며, 상사와 부하 사이에는 충성심이 있어야 하고, 친구 사이에는 의리가 있어야 한다. 물론 남녀 사이에는 애정이 있어야 한다. 이와 같은 파동적 실재가 경계를 허물고 믿음과 즐거움을 만들어내는 조화이다. 이렇게 즐거움이 굽이치도록 조화를 이루어야만 우주는 언제나 싱싱하게 영원히 존속할 수 있다. 사업 역시 세상과 조화를 이루어 낼 수 있어야 돈 버는 즐거움이 뒤따르게 된다. 기쁜 마음으로 즐겁게 일을 하라. 그리고 조화를 이루라. 그러면 만족이 있을 것이다.

| 제4원칙 | **대가의 원칙**

인과응보. 선행과 악행의 업보. 마치 동화책에 나오는 이야기 같은 일들이 곧 우주에서 벌어지는 대가의 원칙이다. 이 대가의 원칙은 차후 파동문명 시대에 윤리관을 설정하는 데 매우 중요한 역할을 하게 된다.

또 우리의 인생에 일어나는 모든 일들이 바로 이 대가의 원칙에 의해 일어나는 것임을 알게 되면 소스라치게 놀랄 수도 있다. 그래서 중국의 공자는 〈악은 보지도 말고, 듣지도 말고, 말하지도 말라〉고 하였다.

인생이 현실에 나타나는 방식은 쉽게 설명하면 영화와 같다고 할 수 있다. 영화는 불빛 앞에 필름을 놓고 빛이 필름을 통해 스크린에 비춰지면 그 영상이 우리 눈에 보이는 것이다. 우리 인생도 우주 에너지 앞에 이미지라는 필름을 놓고 우주 에너지를 이미지에 쪼이면 현실이라는 스크린에 그 이미지가 나타나는 것이다. 특히 **우리 머리는 실제 상황과 상상을 구별하지 못한다**. 머릿속에서 사람을 죽이는 생각을 하면 실제로 사람을 죽이는 것과 똑같이 필름에 그려진다. 그리고 실제로 행동을 하지 않았다 하더라도 머릿속 필름에 이미지로 각인되면 우주 에너지는 〈죽음을 필요로 하는군〉 하고 가장 소중한 가족이나 본인을 죽음으로 몰고 가는 것이다. 그래서 죽음을 많이 생각하면 끝내는 죽는다. 이것을 코스모스 센타에서는 〈자기공명自己共鳴〉 현상이라고 한다. 자기가 그린 이미지를 자기 현실에 끌어들여 자기 인생이 되도록 하는 현상이다.

당신이 남의 것을 훔치면 언젠가 그 이상의 벌금이라도 물게 될 것이다. 또 남이 잘못되길 바라면 우주는 잘못되길 바란 그 이미지가 당신에게도 나타나게 한다. 사람이 생각하는 옳고 그름의 가치관과는 전혀 상관없이 특히 〈원하고 원하지 않고〉와도 관계없이 단순하게 당신이 그려놓은 이미지 대로 우주는 현실화시킨다. 예를 들면, 2011년에 한국의 젊은 탤런트가 자신의 홈페이지에 시를 하나 써 올렸다. 제목은 〈아직 죽기에는 너무 이른 나이〉였다. 그리고 다음날 새벽에 그 친구는 오토바

이를 타고 한강 다리를 건너기 위해 진입하다가 교통사고로 죽었다. 그 친구의 나이는 그때 27세였다. 이처럼 우주는 우리가 주장하고자 하는 의도와 목적과는 상관없이 처음 내세우는 이미지만을 접수한다. 쉽게 말하면 〈살기 싫다〉고 말하면 우주는 살게 해준다. 그러나 〈죽기 싫다〉고 말하면 우주는 죽음을 준다. 많은 사람들이 〈내 인생은 왜 이런가〉 하며 한탄하는 경우가 많은데 그렇게 만든 장본인이 본인이라는 사실은 잘 모른다. 〈쨍 하고 해 뜰 날〉 하고 노래하면 그 사람 인생은 쨍 하고 밝아지고, 〈간다, 간다〉 하며 노래하면 영영 저세상으로 떠나가게 된다.

돈 많은 사람을 욕하는 사람은 가난하다. 마음이 돈 많은 세계를 경멸하기 때문이다. 남을 흉보는 사람은 본인의 미래도 그렇게 흉본 대로 된다. 그래서 공자는 〈악은 보지도 말고, 듣지도 말고, 말하지도 말라〉고 했던 것이다.

| 제5원칙 | **존재의 원칙**

끊임없이 쉬지 않고 움직이는 우주지만 그 피조물들은 주어진 상황 속에 단순하게 존재하도록 하였다. 아프락사스적으로 생각하면 작용이 곧 존재이기 때문이다. 그리고 존재로 인해 우리가 이런저런 생각도 하고 행복과 만족을 느끼기도 한다. 입자뿐만 아니라 〈파동적 상태의 존재〉를 계속하다 보면 입자의 세계에 새로운 존재가 생겨난다. 예를 들면 습관 따위가 그렇다. 외국어를 공부할 때 같은 단어를 자꾸 반복해서 읽다 보면 어느새 그 단어가 머릿속에 남게존재 된다. 반복되는 광고를 자꾸 들으면 사실처럼 느껴져 어느 순간 자신도 모르게 믿게 된다. 또 습관적으로 같은 행동을 반복해서 자꾸 하면 자기도 모르게 어느덧 그렇게 하는 자기존재로 자리매김을 하게 된다. 이와 같이 없던 행동이 당연한 행동으로 존재할 수 있는 것은 바로 우주의 축 안에 존재의 원칙이 있기 때문이다. 떨어지는 녹물이 돌 속에 스며드는 것 또한 존재의 원칙이 있기 때문이며, 원하는 것을 반복해서 계속하면 결국 원한 대로 이루어질 수 있는 이유도 존재의 원칙이 있기 때문이다. 그저 단순하게 있는 것이 중요한 것이 아니라 어떤 것도 있을 수 있으며, 그렇게 될 수 있다는 것이 곧 존재의 원칙인 것이다.

 미국인이 가장 존경하는 대통령은 에이브러햄 링컨이다. 또 세계인이 가장 좋아하는 사람 중의 한 사람은 인도의 비폭력 인도주의자 마하트마 간디이다. 그리고 세상에서 가장 많은 사람들이 책으로 읽고 사랑한 성현은 예수 그리스도이다. 그들은 모두 법 없이 살 수 있는 정말 훌륭한 사람들이었다. 그런데 왜 그들은 모두 사람들에 의해 숙게 되었을까? 그것은 그 사람을 구심점으로 만들어진 세력이 존재했기 때문이다. 사람은 인간이지만 세력은 우주의 존재이기 때문이다. 이렇게 존재의 힘은 눈에 보일 수도 있지만, 보이지 않는 형태로도 존재한다. 그리고 존재는 곧 작용이기 때문에 그들 세력의 작용을 저지하기 위해 그들을 죽인 것이다. 크게 발전할 때는 반드시 이 문제를 가슴에 새겨 대처해야 한다.

| 제6원칙 | **귀소의 원칙**

아무리 크고 엄청난 것일지라도 우주는 처음의 세계로 다시 거두어들인다. 그래서 우리도 결국 마지막에는 왔던 곳태어나기 이전의 세계으로 되돌아가지 않으면 안 된다. 몇 천 년, 몇 만 년 전부터 있었던 것도 끝내는 모두 처음의 세계로 되돌아가야만 한다. 그러나 사실 우리는 매 순간 그 처음 세계와 함께 있다.

생명의 힘 또한 처음의 세계 그 자체이기 때문에 모든 존재들은 우주에 산재해 있는 우주 에너지로부터 생겨났다가 귀소歸素의 원칙에 의해 다시 그곳으로 돌아가야만 한다. 이것을 종교는 〈원죄〉라고 말하기도 하고 〈아미타의 세계〉라고 말하기도 한다. 그것은 생명의 힘이 처음 세계 속에 들어 있기 때문에 생명의 힘에 의해 창조된 모든 존재들은 귀소의 원칙에 의해 다시 그곳으로 돌아가야만 하는 것이다.

우주에 존재하는 모든 것들은 생명의 힘에 의해 탄생

되었다. 물론 우리도 생명의 힘에 의해 탄생된 피조물이다. 그러나 피조물들이 이 탄생의 원리를 알지 못하고 자기 위주로 살게 되면 결국 우주와 부조화 상태가 되어 질병도 생기고 마음도 슬퍼지며 삶이 고통스러워져 결국 귀소의 원칙에 의해 소멸되는 것이다.

사람들 생각에 생명의 힘은 생물에게만 있는 것 같지만 사실 생명의 힘은 만물 어디에나 없는 곳이 없다. 물에도 있고 산에도 있으며, 별들에게도 있고 돌, 쇠, 쌀, 기계 등 없는 곳이 없다. 이른바 땅 기운이라고 하는 것도 생명의 힘이다. 단지 생명체들은 그 생명 에너지를 활동하면서 소비하기 때문에 활동을 쉬는 잠자는 시간에 우주로부터 계속 충전을 받는다는 것이 다른 무생물과 다를 뿐이다.

이렇게 땅에도 기운이 있어 위대한 인물은 좋은 땅 기운 속에서 태어나고, 또 좋은 땅 기운에 의해 건강이 좋아지기도 하며, 사람이 많이 모이거나 장사가 잘되는 등의 영향도 받는다. 반대로 땅 기운이 나쁘면 문제가 생기거나 그곳이 뭔가 썰렁해 보여 사람들이 가기 싫어하며 장사도 잘 안 된다. 또 건강도 점점 나빠져 몸에 병이 생기는 등의 영향을 받게 된다.

 우리가 태어날 때도 지구나 주변 천체의 생명 에너지 영향을 받는다. 가장 크게는 태양 그리고 달, 그 외의 수성, 금성, 화성, 목성, 토성, 천왕성, 해왕성 등의 영향을 받는다. 아주 오랜 옛날부터 지구 곳곳의 학자들은 이와 같은 원리를 통해 우리 인생을 밝히고자 노력해왔다. 한국에서는 사주四柱 태양, 달, 지구 그리고 이들의 위치를 알 수 있는 시간을 합쳐 4개의 기둥이라 함, 서양에서는 점성술, 피타고라스 번호 등 나름대로 각 나라마다 독특한 방법으로 천체의 기운을 우리가 얼마나 받았는지 계산해 내고 있다. 그리고 우주는 단 하나뿐이기 때문에 또 다른 하나가 영원히 함께 있을 수는 없다. 그래서 우주는 차滿면 깨버린다. 때문에 부富를 오랫동안 간직하기 위해서는 마음을 항상 가난한 상태로 비워두어야 한다. 진공과 같은 빈 마음으로 부를 끌어당겨야 하는 것이다. 그리고 자신은 단지 부를 사용할 수 있는 관리자라는 마음가짐으로 겸

허해야 한다. 자신이 부자라는 마음으로 마음속에 부가 꽉 차게 되면 우주는 아프락사스의 원리에 의해, 달이 차면 기울듯이 현실의 부富를 가져가 버린다. 이렇게 사람에 의해 끌어당겨진 부富도 사람이 자신의 것처럼 그 부富에 안주하면 그때부터 현실의 부富는 스스로 작용을 일으켜 그만 흩어져 사라지게 된다.

이렇게 우주는 여섯 가지 원칙을 통해 자신을 영원히 존속시키고 있는 것이다.Ψ

우주의 안전장치 - 7:3의 황금 비율

우주는 영원히 존재하기 위하여 상반된 성질을 동시에 갖추고 스스로 작용을 하며, 우주의 축인 6대 원칙으로 세상을 심판하며 존재한다. 그렇다면 우주는 구체적으로 어떤 모습으로 존재하고 있는 것일까? 결론적으로 말하면 우주는 음의 세계 70%, 양의 세계 30%의 비율로 구성되어 있다. 눈에 보이는 현실에서 음의 세계는 당연히 끌어당기는 세계이므로 우리가 보거나 만질 수 있는 〈존재의 개념〉이지만, 양의 세계는 〈파동적 개념〉으로 이해하기가 조금 어렵다. 지금 여러분이 이해한 7:3의 비율은 존재적 개념이다. 7이 더 많고 3은 그것보다 절반 이상 적어 보인다. 그러나 눈에 보이지 않는 파동적 개념에서 보면 음이 70%일 때 양 30%가 가장 활동하기 좋은 상태다. 다시 말해 음과 양 모두 각각 온전하게 100%가 되는 비율이다. 이때 음의 세계는 안정도가 100%이며, 양의 세계는 활동성이 100%이다. 좀 더 이해하기 쉽게 설명하면, 음 100%라는 것은 사실 우주에는 없다. 음 100%를 굳이 설명하자면 양이 전혀 활동하지 않는다는 뜻이다. 또, 음이 90%라는 의미는 음이 딱딱한 돌과 같아서, 그 돌 알맹이들이 겨우 10% 정도만 움직이고 있다는 뜻이다. 이렇게 되면 양의 활동으로 인한 발전은 전혀 일어날 수가 없다. 그리고 음이 60%라는 의미는 양의 활동이 너무나 활발하여 음이 자신의 형태를 유지하기가 힘들다는 뜻이다. 반대로 음 30%라는 의미는 양의 활동을 음이 막기 힘들어 음은 곧 부서져 없어진다는 뜻이다. 그래서 음 70%일 때가 음이 자신의 형태를 가장 안전하게 보존하면서 양도 가장 활발하게 활동할 수 있다는 뜻이다. 그리고 이때가 양 에너지로 인한 발전성도 가장 크다.

그러나 보이지 않는 〈파동적 개념〉에서는 음 에너지에 의해 끌어 당겨진 형태가 우리 눈에 보이는 결과가 된다. 그리고 그 결과는 우주 전체의 30%를 넘지 않는다. 그래야 우주는 머무르지 않고 계속해서 파동적 개념으로 활동할 수 있기 때문이다. 실례로 우주에 떠 있는 수많은 별들은 아무리 그 숫자가 많아 보여도 우주 전체의 30% 이하이다. 빈 허공이 70% 정도 된다는 뜻이다. 반짝이며 활동하는 별들의 세계는 이렇게 음 에너지에 의해 창조된 우주의 작품인 것이다.

우리의 마음 또한 끌어당기는 힘이 70%이고 뻗어나가는 힘이 30%일 때 주변 상황을 가장 잘 살펴서 실수 없이 최고의 능률을 발휘할 수 있다. 그리고 이와 같은 마음의 상태를 신바람이라고 한다. 우주의 락樂의 상태가 곧 신바람인 것이다.

우주 경영학에서 이 7:3의 비밀은 매우 중요하다. 어떤 회사가 망할 회사인지 안정된 회사인지 알고 싶으면 현재 재정 상태를 보면 금방 알 수 있다. 저축이 70%실제자산이고 부채負債가 30% 이하면 끄떡없는 회사다. 그래서 망하지 않는 회사를 만들기 위해서는 시작할 때부터 조금씩 열심히 저축을 하여 자산 70%와 활동비 및 부채 30%를 유지하면 된다. 그러면 그 회사는 우주처럼 계속해서 허물어지지 않고 안전궤도를 달릴 수 있다. 왜냐하면 자산 70%는 움직이지 않는 돈이고, 총 재산의 30% 내에서 활동을 하는 활동비나 빌린 부채는 결국 움직여야 할 돈이기 때문이다.

건강도 역시 7:3의 비율로 식사를 하면 안심할 수 있다. 이른바 세상이 말하는 〈골고루 먹기〉가 반드시 건강을 위한 길은 아닌 것이다. 차라리 입맛 당기는 것만 먹어도 된다. 처음 보는 음식도 먹어 보고 맛있으면 먹으란 뜻이다. 단, 맛있는 것은 뭐든지 먹어도 좋지만 무리하지 않게 70%까지만 먹어야 된다. 〈맛있게〉라는 것은 우리 몸이 필요로 하기 때문에 나타나는 현상이다. 우리 몸속에 충분히 있는 것은 입맛으로 내보내지 않는다. 문제는, 맛있다고 하여 무리하게 많이 먹는 것이다. 필요 이상으로 섭취하면 오히려 독이 된다. 그래서 식사도 항상 포만감이 오기 전 70%까지만 먹으면 언제나 건강하게 오래 살 수 있다.

결국 스스로 자신을 보존하기 위한 우주의 본능은, 서로 다른 성질이 함께 존재하는 아프락사스의 원리와 우주의 축인 6대 원칙 그리고 7:3의 황금 비율로 구성된 핵, 축, 울타리에 의해 존재하는 것이다.

그 나라, 그 회사, 그 집안도 우주처럼 망하지 않고 꾸준히 잘되기 위해서는 반드시 그 세계를 책임질 수 있는 핵심 인물인 지도자가 있어야 한다. 그리고 구성원들은 반드시 그 지도자를 따라야 한다. 물론 지도자는 구성원 모두가 편안하게 잘 살 수 있도록 돌보아야 한다. 그리고 모두는 개인적으로 자유롭게 활동을 하되 전체에 해가 되지 않도록 규칙을 세워 지켜야 한다. 그 규칙이 곧 축이다. 이렇게 모두는 축에 위배됨이 없이 자유롭게 활동을 하되 반드시 자신들의 세계를 위해 울타리를 지켜야 한다. 그리고 이렇게 다져진 힘을 통해 우주의 황금 비율을 지켜가며 조금씩 조금씩 울타리를 넓혀 나아가면 반드시 오랜 기간 우주처럼 존속할 수가 있다. 이것이 존재의 3요소와 우주의 황금 비율을 갖춘 최고의 경영법이다. Ψ

인간과 현실 세계

PSY POWER

우리가 살아 있다는 것은 단순히 몸만 있다 하여 산 것은 아니다. 몸 안에 생명 에너지가 함께 있어야만 살아 있는 것이다. 인도의 요기들은 육체의 내분비선과 비슷한 위치에 차크라Chakra라고 해서 생명 에너지의 저장고가 있다고 한다. 한국도 배꼽 밑 10cm 정도 아래 와디스타나 차크라를 단전이라고 해서 이곳으로 호흡을 하면 원기가 강해진다고 하여 많은 사람들이 수련을 하고 있다.

의학적으로 우리 뇌가 정지한 것이 죽음인지 생명 에너지의 활동이 멈춘 상태가 뇌의 정지인지 아직 생명 에너지를 볼 수 있는 장치가 없어 분명하게 밝혀지지는 않았지만 생명 에너지가 있다는 것만은 확실하다.

이 생명 에너지는 우주에 널리 산재해 있는 자慈 에너

지로 우주 에너지라고도 하며, 인도에서는 프라나prana, 한국과 중국 그리고 일본에서는 기氣라고 한다. 여기서는 생명 에너지라고 표현하겠다. 이와 같은 생명 에너지는 존재마다 제각기 갖고 있는 핵심에 충실하면 할수록 영롱하고 섬세하며 강렬하게 작용한다.

우리 몸은 생명 에너지와 육체로 구성되어 있다. 평소에 음식물에서 섭취하는 영양분은 육체의 부족한 영양을 보충하여 육체가 원활하게 활동할 수 있도록 사용된다. 반면 성욕을 일으키거나 신경을 쓸 때 소모되는 에너지는 생명 에너지이다. 이렇게 소모된 생명 에너지는 잠을 자는 동안에 우주로부터 두 번 충전을 받는다. 생명 에너지는 눈에 보이는 입자의 세계가 아닌 파동으로 두 가지 형태가 있다. 하나는 전기성 에너지이고 다른 하나는 자기성 에너지이다. 몸이나 물체에서 나오는 에너지 파동을 오라aura라고 하는데, 감정과 건강을 관장하며 몸과 마음의 밸런스를 조절하는 오라를 자기성 오라에너지라 하고 우주로부터 에너지를 충전 받거나 에너지의 강도를 관장하는 오라를 전기성 오라에너지라고 한다.

결국 먹어서 섭취하는 영양분은 육체를 건강하게 유지시켜 주고, 우주로부터 충전 받아 강해진 오라는 생명 에너지를 강건하게 유지시켜 준다. 우리가 살아 있다는 것은 이처럼 강건한 생명 에너지와 건강한 육체가 강하게 유착되어 있을 때를 말한다.

생명 에너지는 매일 수면 중에 우주로부터 두 번 충전을 받는다. 이때 뇌파를 측정하여 보면 델타 파 상태이다. 델타 파 상태는 곧 우주로부터 에너지를 충전 받고 있을 때이다. 처음 잠이 들어 얼마 후면 4~7분 정도 우주로부터 생명 에너지를 보충 받는다. 이렇게 하여 에너지가 차크라에 가득 차게 되면 일단 전날 많이 소모했던 부위에 에너지를 공급한다. 에너지는 신경선을 따라 전날 많이 사용한 신경계통으로 전달되는데, 이때 신경선을 통과하면서 그 신경선이 자극으로 인해 영상을 일으키면 그것이 바로 꿈이다. 그렇게 온몸 곳곳의 신경선에 에너지를 공급하고 나면 다음날 쓸 에너지가 부족하므로 깨어날 무렵 또 한 번 델타 파 상태에서 에너지를 보충 받는다. 그런데 두 번째 충전을 받지 못하고 잠에서 깨어나면 7시간 이상 충분히 잠을 잤는데도 무언가 떨떠름한 것이 잠을 잤는지 안 잤는지 기분이 개운하지 않게 된다. 그러면 우리 몸은 반드시 마지막 충전을 받기 위해 자기도 모르게 졸음에 빠지게 된다. 이렇게 육체와 생명 에너지 양쪽 모두 완벽한 때가 가장 건강하고 컨디션도 좋을 때이다. 그리고 이렇게 양쪽 에너지가 충만해 있을 때 생명 에너지와 육체는 강하게 유착된다.

결국 **살아 있다는 것은 육체와 생명 에너지가 강하게 밀착되어 있는 상태를 말한다.** 만약에 육체가 허약해지면 생명 에너지를 끌어당길 힘이 약해져서 생명 에너지는 떨어져 나간다. 물론 육체와 생명 에너지는 서로 보완 관계에 있기 때문에 어느 한쪽이 부족하면 다른 한쪽이 채우려고 하는 기능이 있다. 그래서 육체의 영양이 부족하면 잠이 더 오고, 생명 에너지가 부족하면 식욕이 더 강해지는 것이다. 밥 대신 우주 에너지로, 우주 에너지 대신 밥으로 대체하려는 것이다. 밤새워 일할 때 더 먹히는 이유가 바로 이 때문이다. 반대로 무리하게 신경을 많이 쓰거나 하여 생명 에너지가 고갈되면 생명 에너

지는 육체를 끌어당길 힘이 약해져서 생명 에너지는 활동을 멈춰 버린다. 이른바 죽음이다. Ψ

불확실성 현실

지금 눈앞에 보이는 세상은 우리 눈이 볼 수 있는 정도의 입자들로 뭉쳐진 입자의 세계이다. 우리 눈은 이렇게 본 것들을 차곡차곡 마음 안에 쌓아 놓는다.

그리고 〈알고 있다〉를 말할 때 그것들을 풀어 놓는다. 이렇게 차곡차곡 쌓여진 마음을 에고ego라고 한다. 일반적으로 우리의 지식은 이렇게 쌓여진 것들을 기준으로 하여 말하는 것이다. 그래서 독일의 철학자 칸트는 순수이성비판이라 하여 〈사람은 있는 그 자체를 직접 알 수가 없다〉고 하였다. 우리가 보고, 듣고, 냄새 맡고, 맛보고, 만져서 아는 세계는 모두 이렇게 5관으로 감지하여 마음에 쌓아 놓은 자신의 에고이다. 그래서 **사람들은 사물을 볼 때 직접 보지 못하고 자기 에고 속에 들어 있는 모습을 통하여 본다.** 수많은 사람들이 같은 것을 보고 서로 다른 말을 하는 까닭이 바로 이것이다. 그리고 수많은 사람들이 나름대로 잘 살펴보고 판단하여 사업을 시작하지만 끝내는 손해를 보고 망하는 까닭도 여기에 있다.

사실 앎의 주체나 느낌의 주체는 우리의 몸이 아니라 바로 생명 에너지이다. 우리가 5관으로 경험한 것은, 물 위에 얼음이 얼듯이 우리 마음이라는 물 위에 얼음처럼 두껍게 쌓여 에고가 된다. 그러나 느끼는 모든 업무는 에고가 하는 것이 아니라 얼음 밑의 물이 직접 하는 것이다. 그리고 **때로는 육체의 5관을 통하지 않고 생명 에너지가 직접 느낄 때도 있다. 그것을 사람들은 육감**^{직관} **혹은 영감이라고 말한다.** 이처럼 진정한 나의 주체는 바로 이 물과 같은 생명 에너지인 것이다.

생명 에너지는 그 자체가 생명력이기 때문에 우리 몸의 면역력과 치유력을 직접 관장한다. 그래서 여러분이 생명 에너지를 믿고 생명 에너지를 작동시킬 수만 있다면 스스로 병을 치료할 수도 있다. **병든 자신을 믿고 병에 대한 걱정을 하면 생명 에너지는 에고를 통해 병을 더 키우지만, 건강을 믿고 건강한 몸을 생각하면 생명**

에너지는 건강을 위해 몸에 스며들어 있는 병을 물로 씻듯이 씻어버려 건강하게 되는 것이다.

일본의 경영의 신이라고 하는 마쓰시타 고노스케는 성공의 3요소를 인간관계, 경영 그리고 육감이라고 말했다. 에고는 무엇이 진실인지 분명하게 모를 때가 많다. 친구한테 연락하라고 하면 문자를 보내놓고 연락했다고 한다. 하긴 했지만 상대편에서 그 문자를 받지 못했으면 그 했다는 행위는 차라리 안 한 것과 다를 바가 없다는 것을 에고는 모른다. 그리고 에고는 나만의 것이기 때문에 위험을 느끼는 순간 금방 멈춘다. 기분 나쁘거나 겁이 나면 하던 일을 그만두고, 재미없으면 싫증을 내며 또 다른 곳으로 눈을 돌려 좋아 보이는 대상을 찾는다. 그리고 하찮은 일은 스스로 비굴하게 느껴, 하다가 포기한다. 에고로 사는 사람들은 욕심만 있을 뿐 정확한 판단력이 없기 때문에 다른 사람들이 좋다고 하면 금방 그쪽으로 따라가기도 한다. 그래서 에고를 믿고 사는 사람들은 불확실하게 보고, 잘못 생각하며, 그릇된 행동을 하는 것이다. 더욱 중요한 것은, 에고는 그렇게 살고 있다는 사실조차 믿으려 하지 않는다는 것이다.

사실 무언가를 이루어 내는 사람들은 모두 생명 에너지가 주체가 되어 사는 사람들이다. 하고자 하는 목표가 정해지면 생명 에너지는 목표를 향해 뛰어나간다. 그러면 우주는 생명 에너지가 목표에 도달할 수 있도록 공명 현상을 통해 현실화시킨다. 그래서 생명 에너지로 일을 하는 사람들은 목표를 〈해낼 수 있다〉는 것만 알지 에고처럼 〈어떻게 할 것인가〉는 걱정하지 않는다. 그러나 에고적으로 사는 사람들은 보고 듣고 아는 세계를 통해 할 것인가 말 것인가를 결정하기 때문에 할 수 없다는 이유가 많아 포기하는 경우가 많다. 반면에 생명 에너지로 사는 사람들은 실패는 있을지언정 끝내는 해내고야 만다. 그리고 실패도 실패라고 말하지 않는다. 이 생명 에너지를 불교의 금강경에서는 〈마음 없이 마음을 내어 쓴다〉고 하여, 앞의 마음은 에고를 뜻하고 뒤의 마음은 다이아몬드처럼 강한 생명 에너지라는 뜻으로 금강이라 한다. 이토록 생명 에너지는 물과 같이 부드러우면서도 막강한 것이다.

그리고 생명 에너지인도에서는 아트만이라고 한다는 곧 우주 그 자체이며 우주에 산재해 있는 우주 에너지브라만이라고 한다와 같은 것이다. 때문에 지존至尊과 같이 절대적이며 매사 스스로 자신이 직접 결정을 한다. 남들이 좋다고 하여 따라가지도 않으며, 할 것인가 말 것인가를 스스로 판단하고, 설사 남들이 모두 좋다 하여도 본인이 하기 싫으면 요지부동 움직이지 않는다.

우리가 무슨 일이든 성공시키기 위해서는 반드시 먼저 눈앞의 현실을 생명 에너지를 통해 바로 볼 줄 알아야 한다. 〈있는 그대로〉를 볼 수 있어야 하는 것이나.

BC 345년에 마케도니아라는 조그만 왕국에서 말 장수 한 사람이 왕이 보는 앞에서 자신의 말을 준마라고 하며 자랑하고 있었다. 왕은 말을 잘 타는 기사들에게 시승해 보라고 하였다. 그러나 어찌된 일인지 이 말은 사람이 타려고만 하면 앞발을 높이 쳐들고 울부짖으며 거부하는 것이었다. 사람들은 모두 준마가 아니라 미친 말이라고 했다. 그때 10세 정도 되는 어린 왕자가 자기가 타 보겠노라고 하였다. 왕은 그런 왕자가 당돌하기도 하였지만 국내 최고의 기사들이 타지 못하는 말을 왕자가 함부로 나서서 탄다고 했다가 해내지 못하면 왕자에 대한 신용이 떨어진다고 하면서 〈못 타면 어떻게 할 것이냐〉 하고 만류하였다. 그러자 왕자는 못 타면 말 값을 자기가 물겠노라고 하면서 유유히 말 앞으로 다가가는 것이었다. 사람들은 숨을 죽이며 어린 왕자의 행동을 지켜보고 있었다. 그 왕자의 이름은 알렉산더였다. 알렉산더는 말이 날뛰는 이유가 땅에 비치는 말 그림자 때문이라는 사실을 알고 있었다. 결국 알렉산더는 말의 머리를 그림자가 안 보이는 쪽으로 돌려놓고 가볍게 말 위에 올라 탔다. 그러자 백성들의 환호가 터져 나왔다. 알렉산더는 〈있는 그대로〉를 볼 줄 알았던 것이다.

알렉산더는 단 한 번도 전쟁에서 져 본 적이 없다. 예언가가 신이 허락하지 않은 날이라 출전하면 안 된다는 싸움도 날짜를 바꿔가며 쳐들어가 이겼다. 군대가 많았던 것도 아니었다. 소수의 정예부대만을 이끌고 다녔다. 작전도 특별한 병법이 있었던 것도 아니었다. 단지 있는 그대로의 현실을 바로 보고 남이 상상할 수 없는 어려운 코스를 선택해 쳐들어가 적의 중심인 왕을 붙잡았던 것이다.

〈있는 그대로〉의 현실을 바로 보기 위해서는 에고의 판단을 버리고 생명 에너지를 통해 직접 느껴야 한다. 생명 에너지는 꼭 이루고자 하는 일이 있으면 먼저 고개를 들고 앞을 살핀다. 위험한 장애는 없는지, 앞은 안전한지를 점검한 후 감각적으로 큰 문제가 없다고 판단되면 생명 에너지는 뻗어 나간다. 결과적으로 되고 안 되고는 알고 했는가 모르고 했는가의 문제가 아니라 생명 에너지가 움직여 나갔는가 움직이지 않았는가에 따라 결정되는 것이다. 생명 에너지가 나아가면 현실이 따라온다.

흔히 〈자존심을 버려라, 자신을 숙여라〉 하는 말들은 모두 에고를 버리고 생명 에너지금강 그 자체로 하라는 말이다. 그리고 생명 에너지는 우주적이기 때문에 〈나〉라고 하는 것이 죽든 살든 될 때까지 한다. 또 현실적으로도 〈되었나 안 되었나〉만 있을 뿐, 기분 나쁨도 없다. 왜냐하면 생명 에너지는 에고가 아니기 때문에 〈나〉라고 할 것이 없기 때문이다. 그리고 생명 에너지가 활동하는 한 절대 죽을 일은 없다. 왜냐하면 죽음이란, 생명 에너지가 활동을 멈춘 상태이기 때문이다. 단지 에고의 입장에서 보았을 때 죽을 것만 같이 느껴질 뿐이다. 생명 에너지를 통해 하는 사람은 원하는 결과를 분명하게 갖고 시작하며, 생명 에너지는 원하는 결과를 파동으로 바꿔 우주에 내보낸다. 그러면 우주는 공명 현상에 의해 같은 파동끼리 감응을 하고, 생명 에너지는 다른 한편으로 그 감응된 것들을 불러들인다. 이때 몸은 주구장창 될 때까지 끊임없이 생각하며 추진해야 한다. 그리고 될 만하고 할 만한 일들을 계속 시도한다. 아직 몸이 확실하게 알지 못하더라도 생명 에너지는 우주에 필요한 결과를 계속 내보내고 거두어들인다. 그렇게 해서 원하는 결과가 현실에 가까이 오면 그 결과가 생명 에너지에게 눈치 채도록 느낌을 준다. 그러면 어느 날 자고 일어났을 때 불현듯 좋은 생각이 떠올라 현실적으로 결과를 만날 수 있는 계기를 찾게 되는 것이다.

역사적으로 볼 때 성공한 사람들의 대다수가 학식이 높거나 학교 공부를 충실히 한 사람들은 아니다. 오히려 학식이 아주 낮은 사람이 역사적으로 큰 인물이 된 경우도 많다. 그 이유는, 성공은 파동인 생명 에너지의 활동에 의한 것이기 때문이다. 학교 공부는 입자문명 방식의 지식 위주이다. 이제는 공부하는 방법도 파동문명 식으로 바뀌어야 한다. 정신 차리란 말의 정신은 단순한 의식일 수도 있지만 생명 에너지를 뜻하는 것이다. 지금도 보초병처럼 생명 에너지가 윙윙거리며 활동하는 소원이 있다면 그 소원은 반드시 이루어진다. Ψ

하늘의 뜻

성리학에서는 세상을 천지인天地人으로 표시하며, 그것을 하나로 묶은 것을 괘卦라고 한다. 즉 세상은 눈에 보이는 땅의 세계와 눈에 보이지 않는 하늘의 세계 그리고 인간으로 구성되었다는 뜻이다. 솔직히 하늘과 땅은 그런대로 수긍이 가나 인간이 그곳에 끼어 있다는 것은 쉽게 납득이 가지 않는다. 그러나 아무 생각 없이 서울 시내 한복판에서 밖의 경치를 바라보면 산이나 들판에서 바라보는 자연과는 달리 세상이 인간에 의해 창조되었다는 느낌이 들기도 한다.

물론 새들도 집을 짓고 개미나 벌도 자기 집을 짓는다. 또 짐승들도 나름대로 지능을 갖고 있으며, 생명 에너지가 직접 느끼는 감각은 우리 인간보다 훨씬 더 뛰어나다. 그런데 왜 인간을 천지인에 넣은 것일까? 인간이 만들었기 때문일까? 아니다! 인간만이 하늘의 뜻에 동참

할 수 있기 때문이다.

 물론 하늘의 뜻을 잘 모르는 사람은 하늘에도 우리처럼 생각하는 존재가 따로 있어서 그 존재가 이런저런 세상일에 참견하거나 세상을 주관하며 창조하는 것으로 생각하지만, 파동문명이 발달할수록 이제 그런 생각을 한다는 것은 원시적이라는 생각이 들 것이다.

 파동문명은 이제 막 시작하려는 단계이지만 지금부터 미래의 세계를 창조한다는 생각으로 세계관, 윤리관, 의식구조 등 모든 면에서 빨리 낡은 사고방식을 버리고 함께 조화를 이루어야 한다.

 그러자면 지금까지 살던 방식처럼, 있는 물건을 놓고 서로 차지하겠다고 싸우지 말고, 광활한 우주에 풍족하게 산재해 있는 우주 에너지를 통해 필요한 것을 창조하는 삶으로 마음가짐을 바꿔야 한다. 또한 지금까지의 지구 문명으로 우주를 답사하는 우주여행은 태양계 정도 왕래하기에도 미흡하다. 더 나아가 지금의 입자문명으

로 다른 은하계를 간다는 것은 어불성설이다

현재 우리 눈에 보이는 세계는 실實 에너지라고 해서 입자적으로 측정 가능한 에너지다. 그리고 실 에너지의 상태를 우리는 〈있다〉라고 말한다. 그러나 실 에너지가 있기 위해서는 반드시 아프락사스적으로 〈없다〉의 세계가 있어야 한다. 이 〈없다〉의 세계를 주관하고 있는 에너지를 현재의 과학은 확실하게 규정짓지 못하고 있지만 일부 과학자들은 블랙Black 에너지라고 말한다. 코스모스 센타에서는 이 에너지를 허虛 에너지라고 한다.

그렇다면 허 에너지를 통해 우주여행을 한다면 어떤 일이 벌어질까? 아마 지금의 여러분은 꿈만 같은 허황된 생각처럼 느껴질 것이다. 왜냐하면 지금까지 우리가 하는 여행이 〈가야 하는〉 여행이었다면, 허 에너지를 통해 하는 여행은 가는 여행이 아니라 가고자 하는 목적지만 생각으로 설정해 놓으면 목적지가 우리를 〈끌어가는〉 방식이기 때문이다. 그러면 〈갑자기 나타났다 사라졌다 하기, 가다가 갑자기 정지하기, 급히 방향 바꾸기〉 등 지금의 운동 법칙으로는 설명할 수 없는 현상이 가능해진다. 그리고 앞으로는 반드시 그렇게 될 것이다. 또 자동차나 전자기기의 작동도 리모컨을 통해서 하는 것이 아니라 직접 생각으로 컨트롤하게 될 것이다.

2011년 4월에 독일 베를린에 있는 자유대학 팀은 생각의 힘만으로 자동차를 운전하는 모습을 전 세계에 공개했다. 한국의 과학자들도 뇌파를 통해 선풍기를 돌게 하고, 자동차 경기나 골프, 사격 같은 모든 게임을 단지 생각의 힘만으로 할 수 있게 만들고 있다. 그러나 아직은 게임이지만 얼마 후 군대 등 실생활에 직접 적용하게 되면 상상도 할 수 없는 무기로 발전될 것이다. 그러자면 윤리적 의식구조가 대폭 바뀌어야만 한다. 윤리적 의

네이버 제공

식구조는 여러분이 파동문명을 이해하면 바로 급속도로 변할 수 있다.

이 세상에 존재하는 모든 것들은 그 자체가 곧 우주다. 그래서 우주의 6대 원칙인 존재의 원칙에 의해 존재하는 모든 것들은 결국 한몸이다. 그렇기 때문에 존재들은 서로 아무런 거리낌이 없다. 단지 〈나〉라고 하는 에고만 작동하지 않는다면 사람도 동물도 물건도 모두가 한 덩어리인 것이다.

휴대폰이 없던 시절에 태어난 사람들은 요즘처럼 반 컴퓨터 같은 휴대폰을 능숙하게 사용하는 것은 매우 어렵다고 말한다. 그러나 태어난 지 얼마 안 된 어린 꼬마들은 처음 보는 휴대폰도 장난감처럼 주물럭거리며 놀다가 곧 능숙하게 사용할 줄 알게 된다. 그것은 휴대폰이 없던 시절에 태어난 사람들의 에고 속에는 휴대폰이 들어 있지 않기 때문에 에고가 쉽게 적응하지 못한 때문이지만, 어린 꼬마들은 휴대폰과 〈같은 존재〉로서 서로가 거리낌 없이 쉽게 적응할 수 있기 때문이다. 이렇게 우주 그 자체는 하나이기 때문에 모든 존재들은 서로 적응할 수 있는 것이다. 그래서 사실 우주에 존재하는 모든 것들은 우열을 나눌 수가 없다. 그러나 **지구상에서 유일하게 우주를 알고, 우주를 움직여, 우주가 창조할 수 있도록 하늘의 뜻을 행사할 수 있는 생명체가 있다면 그것은 바로 인간이다.** 우리가 그렇게 할 수 있는 것이다. 그래서 성리학이 천지인이라고 설명했던 것이다. 인간은 지금까지 하늘의 뜻을 정확하게 잘 몰랐지만 이제 서서히 그 비밀을 밝혀내고 있다. 또 지금까지는 인간의 생각이 하늘의 뜻에 영향을 미친다는 사실을 인간이 알게 되면 교만해질까 봐 하늘에 뜻을 전달하는 방법으로 기도나 공양의 방식을 사용해 왔다.

인간의 정신이나 마음이라고 불리는 혼魂 에너지를 옛날 희랍 사람들은 싸이Psy라고 하였다. 그래서 심리학을 싸이콜로지, 정신이상자를 싸이코라고 하는 것이다. 기도가 하늘의 뜻에 미쳤다면 그것은 바로 싸이라는 에너지가 도달했기 때문이다. 그래서 코스모스 센타에서는 이렇게 하늘의 뜻을 움직일 수 있는 우리의 정신 에너지

새 시대의 새 문명 **119**

를 싸이파워Psy-Power라고 부른다. 〈하늘에 도달해 우주를 움직이는 힘〉이란 뜻이다. 그러나 싸이파워와 기도는 그 출발점이 다르다. **기도가 사람의 마음에서 시작된 것이라면 싸이파워는 현실에서 시작한다. 기도가 원하는 개인 사정에서 시작되었다면 싸이파워는 필요한 현실에서 비롯된 것이다.** 그리고 우주가 세상을 바꾸는 힘도 역시 같은 싸이파워라는 에너지를 통해서이다. 결국 싸이파워는 현실을 창조하기 위한 우주의 작용과 힘인 것이다. Ψ

행운을 불러오는 싸이파워

흔히 개인적 능력을 〈실력〉이라고 말하며, 다른 사람보다 실력이 없는데 실력 있는 사람이 차지할 수 있는 영광을 얻게 되면 〈운運〉이 좋았다고 말한다.

이렇게 내가 원하는 것을 나에 의해서가 아니라 하늘에 의해 얻게 되면 운이 좋다고 말하고, 반대로 실력은 있으나 발휘될 수 없는 상황이 되어 그 영광을 차지하지 못하면 운이 나쁘다고 말하는 것이다. 그렇다면 이와 같은 행운은 어떻게 만들어지는 것일까?

원하는 일이 순조롭게 잘 풀려 나가면 〈신〉이 난다. 그러나 〈잘 안 되면 어쩌나〉 〈별 탈이 없어야 하는데…〉 〈잘 될 수 있을까〉 하는 염려나 강박관념이 있으면 그 일은 꼭 문제가 생긴다. 그렇다면 왜 염려를 하는 것일까?

제일 먼저, 하고자 하는 자기 일을 충분히 하여 스스로 만족하면 자신감이 생긴다. 그러나 그렇지 않으면 자기도 모르게 불안해지고, 불안하면 강박관념이 일어난다. 이것이 첫 번째 이유이다.

두 번째 이유는, 무리하게 원하는 결과에만 욕심을 내기 때문이다. 그래서 석가는 〈무소유〉를 말했고 예수는 〈마음이 가난한 자는 복이 있다〉고 말했다. 〈꼭 그렇게 되지 않으면 안 된다〉고 하는 강박관념에 사로잡히면 역시 불안감이 생기고, 하는 일에 대해 〈흥〉이 일어나지 않는다.

스스로 최선을 다해 모든 조건을 충족시켰다면 한 가지 결과에만 집착하지 말고 때가 오기만을 기다리며 〈신바람〉나게 행동하라. 그러면 우주가 알아서 내가 원했던 결실을 나에게 안겨 주는 행운이 찾아올 것이다. 이것이 바로 우주의 싸이파워다.

거리낌 없는 신바람! 그것은 곧 하늘과 하나 되어 이 땅에 기적과 같은 행운을 창조하는 것이다. 그러므로 신바람이 나지 않는다면 아직 어딘가 스스로 행운을 불러들일 만큼 충족되어 있지 않은 미숙한 상태인 것이다.

바라는 것을 손에 쥐기 위해서는 스스로가 먼저 충족되어 있어야 한다. 그래야만 여유롭고 순조롭게 좌우를 살피며 신명나게 할 수 있다. 그러면 하늘우주이 싸이파워를 통해 그대에게 기적을 일으킬 것이다.

2002년 미국의 솔트레이크시티Salt Lake City 동계 올림픽에서 호주는 사상 처음으로 금메달을 거머쥐는 기쁨을 맞이했다. 금메달의 주인공은 스티븐 브래드버리 Steven John Bradbury로, 쇼트트랙 남지 1,000m 경기에서 기적과 같이 1등을 하였다. 호주 당국은 그가 국위를 선양했다고 하여 그의 사진이 담긴 우표를 발행하기도 하였다.

그는 1994년에 릴레함메르 올림픽에 처음으로 출전하여 남자 1,000m 부분 예선에서 달리다가 넘어지는 바람에 그만 탈락하고 말았다. 그리고 4년 뒤 다시 일본 나가노 올림픽에 출전하여 역시 예선에서 탈락하였다. 그러다 2000년에는 목뼈가 부러지는 심각한 부상을 당해 의사로부터 더 이상 선수 생활을 하기 힘들다는 판정을 받았으나, 그는 한 번 더 올림픽에 출전하여 최선의 모습을 보여주자고 마음먹고 은퇴를 하지 않았다. 그리고 자신이 만드는 스케이트를 홍보하기 위해 다시 한 번 올림픽에 출전하기로 하였다. 메달에 뜻을 두지 않았기 때문에 그의 마음은 한가롭고 여유로웠다. 물론 스케이트 홍보라고 하지만 그것은 단지 이유일 뿐, 그의 속마음은 마지막 은퇴를 최선을 다하는 모습으로 장식하고 싶었다.

조별 예선이 있던 날, 그래도 그는 긴장이 되었던지 두 번이나 먼저 출발하여 심판으로부터 휴식시간을 갖는 해프닝을 연출하였다. 그리고 당당히 1등으로 예선을 통과했다. 준준결승전에서는 4명의 선수가 출전해 두 명만 통과하는데 그는 세 번째로 들어가 실패의 아쉬움을 남겼다. 그러나 이때 기적이 일어났다. 캐나다 선수가 일본 선수를 잡아당겨 반칙으로 처리되는 바람에 그가 준결승전에 올라가게 된 것이다.

사실 준결승에 출전한 선수들은 모두 20대 초반의 쟁쟁한 선수들이었다. 30세의 브래드버리는 그들의 실력을 이미 잘 알고 있었다. 그래서 그는 단지 최선을 다해 멋진 모습으로 경기에 임하고자 하였다. 그의 마음은 이미 승패를 떠났기 때문에 다른 선수들과 다투지 않았다. 그러자 서로 이기겠다고 반칙을 해가며 싸우던 다른 선수들은 중국 선수의 반칙으로 한국 선수와 함께 쓰러져 넘어졌다. 그래서 그는 당당하게 통과할 수 있었다.

결승전은 그야말로 세계 최강의 선수들이 벌이는 각축전이다. 한국의 안현수, 미국의 오노, 숭국의 리자준 그리고 캐나다 선수와 행운의 브래드버리다.

브래드버리의 전략은 〈뒤에서 쫓아가다가 무슨 일이 생기면 잘하면 동메달이라도 따지 않을까〉 하는 심정으로 초반부터 뒤에서 천천히 달리고 있었다. 그러다 세 바퀴를 남겨 놓은 시점에서 선수들이 서로 싸우듯 달릴 때, 그는 수수방관하듯 유유히 계속 뒤따라가면서 사고라도 나기만을 바라며 천천히 달리고 있었다.

마지막 한 바퀴를 남겨놓은 상황에서 그는, 다닥다닥 붙어가고 있는 선두 그룹 선수들 몇 미터 뒤에서 더욱 여유롭게 돌고 있었다. 드디어 반 바퀴 남았을 때 선수들은 서로 피를 토하듯 달리며 치열한 몸싸움을 벌였다. 특히 오노와 리자준의 싸움이 격렬하였는데 그러다 리자준이 넘어지면서 뒤따르던 오노, 안현수 그리고 캐나다 선수까지 모두 연쇄 충돌로 넘어졌다. 그리하여 그는 당당하게 홀로 1등을 하여 우승하였다.

〈앞에서 무슨 일이 일어났는지는 잘 모르겠지만, 모두 다 바닥에 뒹굴고 있더라고요. '아니 잠깐! 이럴 수가? 내가 일등이잖아!'〉하면서, 그는 진심 어린 수상 소감을 다음과 같이 말했다.

〈이 금메달은 이번 경기를 이겨서 딴 게 아니고, 지난 10년간 최선을 다한 저에게 주어진 상이라고 생각합니다.〉

입자적 관념에서 생각을 하면 브래드버리의 금메달은 〈기적의 행운〉 같지만 우주의 입장에서 보면 당연한 결과일 뿐 기적도 행운도 아닌 것이다. 물론 그는 직접적으로 금메달을 원하지는 않았지만, 최선을 다하는 모습과 스케이트를 홍보하기 위한 마음이 곧 금메달을 의미하는 것이다. 만약 그가 준결승전에서 탈락하였다면 누가 그를 알아보고 스케이트를 사 줄 것인가? 또 그는 금메달을 원하지 않았다고 하지만 나름대로 연습할 때는 금메달을 바라보고 열심히 노력했을 것이다. 그래서 그는 넘어지지 않는 멋진 모습을 남기고 싶었을 것이다. 단지 금메달을 원하지 않았기 때문에, 다시 말하면 메달과 상관없이 어차피 5등이라면 천천히 돌며 서로 싸우는 무리에서 떨어져 안전하게 기회를 엿보자는 파동적 계산을 할 수 있었던 것이다. 그런 편안하고 여유로운 마음이 아무 사고 없이 원하는 금메달을 차지할 수 있도록 우주를 움직였던 것이다. 이렇게 싸이파워는 나와 우주가 함께하는 하늘의 작용인 것이다. Ψ

코스모스 센타 용어

| **파동적 계산** | 개수存在가 입자적 계산의 근원이라면 작용은 파동적 계산의 근원이다. 작용과 작용의 적중이나 세기의 결과를 알기 위해서는 반드시 파동적 계산을 알아야 한다. 군대의 작전이나 전략 등 모든 병법이 곧 파동적 계산이다. 결국 파동적 계산은 작용의 결과를 이끌어내기 위한 계산이다.

| **파동적 실재**實在 | 눈에 보이지 않는 파동의 세계에 존재하며 현실 세계의 관계를 형성하는 것. 가장 쉬운 예로, 사랑이 곧 파동이다. 우주에 실제로 존재하며, 현실 세계의 질서와 평화 그리고 조화를 이루어내는 주체이다. 잘되기 위한 이상이나 꿈, 중심에 집중된 충忠, 연인의 애정, 성현의 자비, 무사의 수호정신, 기업의 이념, 부모와 자식 간의 효, 예술의 감동, 장사의 이익 등 이 모든 것이 곧 파동적 실재들이다. 그리고 파동적 실재가 보이지 않는 곳에 있음으로써 보이는 현실 세계의 관계가 형성되는 것이다.

| **자**慈 **에너지** | 우주 최초의 에너지 혹은 모든 만물의 원초적 에너지 상태. 동양에서는 기氣라고 하며 우주 에너지, 생명 에너지, 아트만, 브라만, 프라나 등등 수없이 많은 이름으로 그때그때마다 필요에 따라 불리고 있다. 우리의 마음도 자아가 아닌 우주 그 자체의 순수 에너지를 우주심心이라 한다. 이 자慈 에너지는 우주 어디에나 없는 곳이 없이 모두 깔려 있으며, 서로 다른 성질의 작용을 동시에 갖고 있기 때문에 항상 움직일 수밖에 없다. 그래서 스스로 작용을 하는 생명력을 갖춘다.

| 6대 원칙 | 자慈 에너지에 의해 수많은 작용이 일어나지만 우주는 스스로를 보존하기 위해 그 많은 작용을 통제하며 자신을 지킨다. 이렇게 수많은 작용을 통제하기 위한 우주의 축軸과 같은 역할이 곧 6대 원칙이다.

| 존재의 3요소 | 우주 안에 존재하기 위해 꼭 갖춰야 하는 필수조건. 모든 존재들은 반드시 그 크기와 상관없이 중심인 핵核을 갖추고 있다. 또, 작용을 통제하기 위해 축을 갖추고 있으며, 다른 세계와 구별하기 위한 경계를 갖고 있다. 이렇게 핵과 축 그리고 경계인 울타리를 갖추어야만 비로소 존재할 수가 있다.

| 감사상태 | 우주적 실재가 존재하는 차원. 우리 마음이 우주와 만날 수 있는 상태. 피조물끼리의 경계도 허물고 우주와의 경계도 허물어 하나가 되기 위한 터널과 같은 마음 상태로, 보이지 않는 우주의 숨결을 직접 느낄 수 있는 유일한 길이다.

| 우주의 황금 비율 | 우주가 존재하기 위한 상반된 자慈 에너지의 비율. 끌어당기는 힘 70%와 뻗어나가는 힘 30%가 가장 안정된 존재의 비율이다. 이때 끌어당기는 세계는 안정도가 100%이며, 뻗어나가는 세계는 활동성이 100%이다. 존재가 자신의 형태를 가장 안전하게 보존하면서 가장 활발하게 활동할 수 있는 비율.

| **신바람** | 원하는 결과에 대한 염려나 강박관념이 없이 기쁘고 즐거운 상태. 속마음 깊은 곳에 된다는 자신감이 넘쳐, 아무런 거리낌 없이 원하는 결과를 향해 흥겹게 나아가는 행동과 마음가짐.

| **허虛 에너지** | 현재 우리 눈에 보이는 세계는 실實 에너지라고 해서 입자적으로 측정 가능한 에너지다. 그러나 이러한 실 에너지가 있기 위해서는 반드시 아프락사스적으로 〈없다〉의 세계가 있어야 한다. 이 〈없다〉의 세계를 주관하고 있는 에너지를 허 에너지라고 한다. 현재의 과학은 이 에너지를 확실하게 규정짓지 못하고 있지만 일부 과학자들은 블랙Black 에너지라고 말한다.

인생을 창조하는 싸이파워
PSY POWER

인생은 어떻게 창조되는 것일까

PSY POWER

우리의 인생은 어떻게 만들어지는 것일까? 간단하게 설명하면, 영화와 같은 원리이다. 그런데 그 이전에 밝혀야 할 성능이 있다. 같은 종류의 기계라도 재질이 면밀하고 섬세하며 완벽한 것이 있고 재질이 부실하고 엉성하여 곧 부서질 것 같은 것이 있듯이 사람도 이와 같이 성능이나 재능이 영롱하거나 부실한 것이 있다. 성능은 자기 핵심에 밀도 있게 뭉쳐 있을수록 총명하지만 재능은 종류도 천차만별이라 모두 다 나누기는 힘들다. 그래서 여기서는 부모로부터 받은 유전성이나 몸의 이상 유무는 배제하고 천체로부터 부여 받은 생명 에너지만 논하도록 하겠다. 왜냐하면 천체로부터 부여 받은 생명 에너지의 영향을 모르면 자기가 감당할 수 없는 욕심을 자꾸 부려 현실 세계에서 뜻하지 않은 해를 입게 되기 때문이다. 예를 들면, 부자가 되기 위한 길은 여러 가지가 있다. 물론 좋은 집안에서 태어나 좋은 학교를 나오고 부모로부터 큰 회사를 물려받아 부자가 되는 길도 있지만 바보처럼 보여서 부자가 된 예도 있다.

한 바보가 있었다. 이 바보는 500원짜리 동전과 100원짜리 동전을 던져주면 이상하게 100원짜리만 주워 갖는 것이었다. 그래서 사람들은 이 바보만 보면 100원과 500원 동전을 던지며 낄낄 웃고 놀려대며 좋아하였다. 그러나 바보는 이렇게 해서 몇 년 동안 모아 두었던 동전을 털어 훌륭한 사업가가 되었다.

반드시 부자 부모를 만나야 부자가 되는 것은 아니다. 이렇게 하늘로부터 받은 생명 에너지가 상속 받을 수 있는 설정인지 바보처럼 노력해야 하는 설정인지 분명하게 알아야만 다른 삶을 욕심내지 않게 된다. 그러나 어떤 삶이 되었든지 싸이파워를 터득하기만 하면 누구나 원하는 삶을 모두 이룰 수 있다.

또, 천성검사의 설명이 마음에 들지 않을 수도 있다. 그러나 마음에 들지 않는다고 기분 나쁘게 생각할 필요는 없다. 이미 좋은 특징은 자신의 것이다. 굳이 좋은 점을 강조 할 필요는 없다. 그래서 여기서는 가능한 한, 인생의 문제가 될 만한 부분을 지적했다. 지적된 부분은 〈그렇다 하더라도〉 하는 심정으로 극복하고자 하면 결과적으로 훌륭한 인생을 보장 받게 되는 것이다.

한국의 유명한 재상이었던 황희 정승은 젊었을 때 자신의 운명이 어찌될 것인지 궁금하여 유명한 점술가를 찾아갔다.

〈제가 과거에 응시하면 어느 정도 위치에 오를 수 있겠습니까?〉

〈오르지 못하네.〉

〈무엇이 문제입니까? 그리고 어찌해야 되겠습니까?〉

〈어찌해도 안 되네.〉

〈선생님, 그러지 마시고 제발 좀 가르쳐 주십시오.〉

〈소용없네. 돌아가게.〉

그러자 황희는 버럭 소리를 지르며,

〈제가 여기에 오느라 달 반이나 걸려서 왔습니다. 제발 좀 일러 주세요.〉

하며 대들듯이 따졌다. 그러자 그 점술가는,

〈이거! 자네가 될 수 없는 이유는 바로 이것이네.〉

〈이런 성격으로 재상이 된다면 어찌될 것인가? 이 성격을 바꾸지 않으면 자네는 훌륭한 재상이 될 수 없을 것이네.〉

하면서 참을 인忍자를 써 주었다.

〈이 글자를 눈에 보이는 곳에 모두 붙여 놓게. 그리하여 그 뜻과 하나가 되거든 세상에 나아가게. 그러면 자네는 임금을 보필할 수 있을 것이네.〉

황희는 집에 돌아와서 눈에 보이는 곳마다 참을 인자를 써 붙여 놓았다. 일어나면 바로 벽에 참을 인자가 보이고, 나가려고 하면 문고리 위에도 보이고, 화장실, 창고, 공부방, 부엌 등 곳곳에 안 붙여 놓은 곳이 없었다. 심지어는 천장 위에도 참을 인자가 붙어 있었다.

그렇게 몇 달이 지난 어느 여름날, 황희는 친구들과 술을 거나하게 마신 뒤 집에 돌아왔다. 그런데 마루 밑에 신발이 두 켤레가 있는 것이 아닌가? 자기가 나가면 틀림없이 아내 혼자 있어야 하는데 어찌된 일인지 신발이 한 켤레 더 있는 것이었다. 그래서 살며시 들어가 문을 열어 보니 아내가 어떤 남자와 잠을 자고 있는 것이었다. 황희는 〈참는 것도 정당해야지. 이건 절대로 묵과할 수 없는 일이다〉 하면서 부엌에 칼을 가지러 갔다. 그러자 기둥에 참을 인자가 눈에 들어왔다. 〈아니다. 이건 참을 수 없는 일이다〉 하면서 부엌문을 열려는 순간 또 앞에 참을 인자가 붙어 있었다. 그래도 〈안 돼!〉 하며 부엌에 들어가니 역시 부엌 벽에도 참을 인자가 붙어 있었다. 칼을 들고 다시 방을 향해 들어가려니 역시 참을 인자가 눈에 들어왔다. 마음의 분노는 이미 힘이 약해진 상태였다. 그리고 방문을 여니 그때 자고 있던 아내와 처제가 〈형부 이제 오셨어요〉 하며 일어나는 것이 아닌가? 황희가 친구들과 술을 마시러 간 동안 오랜만에 처제가 놀러 왔던 것이다. 그리고 날씨가 더워 머리를 감은 다음 남자처럼 위로 올린 채 언니와 함께 잠을 잤던 것이다. 황희는 떨리는 손으로 칼을 떨군 채 〈하마터면 큰일을 저지를 뻔했다〉면서 깊은 반성을 하였다.

그 뒤로 황희는 다시는 역정을 내지 않았으며, 훌륭한 재상이 되어 모두에게 존경받는 정승이 되었다.

나쁜 점 하나를 극복하면 좋은 점 열 가지를 향상시킨 것보다 인생에 월등한 효과가 있다. 자신의 결점을 극복해 내는 것, 그것이야말로 진정 자신을 사랑하는 것이다.Ψ

천성검사

싸이파워가, 원하는 것을 우주로 하여금 세상에 창조하게 하기 위한 방법이라면 천성검사는 천체로부터 부여 받은 생명 에너지에 의해 형성된 본인의 특성을 알아보기 위한 검사이다. 보는 방법은 생년월일시生年月日時만 있으면 된다. 여기에 나와 있는 검사는 한국과 일본을 기준으로 만들었다. 양력 생일만 있으면 psy-power.com에서 직접 알 수가 있다.

천성검사에 의하면, 본인이 리더의 기질이 있는지, 창업을 해서 성공할 수 있는지, 착실하게 순서를 밟아 위의 자리에 올라가야 하는지, 남을 가르칠 소질이 있는지, 연예인 등 인기인의 자질은 있는지, 사람을 해치거나 하는 뒤끝은 없는지 따위와, 세상과 잘 융합하는 타입인지, 망상이 많은지, 쉽게 싫증을 내는지, 세상을 어떻게 보고 어떤 식으로 처리하는지, 무엇이 부족한지, 주어진 환경은 어떻게 받아들이는지, 자신의 파워는 얼마나 강하며 어떻게 작용하는지 등을 알 수 있다. 먼저 이와 같은 자신을 분명하게 알아야 자신의 인생을 확실하게 설정하여 자기 현실에 필요한 상황을 싸이파워를 통해 충족시킬 수 있는 것이다. 잘되고 못 되는 것, 풍요와 빈곤, 행복과 불행은 정해져 있는 것이 아니다. 리더가 되어야 행복하고 반드시 창업을 해야만 잘살고 하는 것도 절대 아니다. 그럼 자신의 천성은 어떤지 살펴보자.

A. 별자리

이 별자리는 지구의 위도와 경도에 따라 변하기 때문에 자기가 태어난 곳의 별자리를 찾아보면 된다. 여기에 나와 있는 별자리는 한국과 일본을 기준으로 하여 산출한 것이다. 생일은 양력으로 본다.

양자리 [Aries ♈ 3월 21일~4월 20일]
마음씨 좋은 사람. 상대편이 자신을 인정해 주고 겸손한

태도를 보이면 이것저것 따지지 않고 무리할 정도로 선심을 베푼다. 그러나 상대편이 잘못을 했는데도 사과를 안 하고 태도가 공손하지 못하면 조목조목 따져 물으며 물러서지 않는다.

〈이승만. 김일성. 비스마르크. 레오나르도 다빈치. 찰리 채플린〉

 황소자리 [Taurus ♉ 4월 21일~5월 21일]
자신의 경험을 믿을 뿐 눈앞의 현실을 보지 못한다. 황소자리의 최대 결점은 눈앞의 현실을 바로 보지 못하는 데 있다. 그래서 본인이 아는 것에만 계속 관심을 보이며 새로운 세계를 알려고 하지 않는다. 뭐든지 처음 좋다고 인식한 것을 계속 고집하며 아무리 더 좋은 것을 알려줘도 받아들이려 하지 않는다. 그리고 맞든 틀리든 자신이 옳다고 생각한 것을 계속 우기며 주장한다. 황소고집 같다 하여 황소자리라 한다.

〈세종대왕. 손권. 이순신. 후세인. 레닌〉

쌍둥이자리 [Gemini ♊ 5월 22일~6월 21일]
실속 없이 바쁜 사람. 여기 있는가 싶으면 저기에 가 있고 저기에 있는가 싶으면 여기에 와 있는, 그러니까 여기에도 있고 저기에도 있다 하여 붙여진 이름이 쌍둥이다. 사교적이며 바쁜 생활 때문에 건강해 보이나 자기 잇속이 분명하지 않다.

〈존 F 케네디. 소크라테스. 수하르토. 아담 스미스〉

게자리 [Cancer ♋ 6월 22일~7월 23일]

해야 할 말은 속에 숨기고 주변 상황만 겉돌며 말한다. 게라는 이름은, 눈은 앞을 보나 걷기는 옆으로 겉돈다 하여 붙여진 이름. 속상한 일도 직접 말하지 못하고 주변 소리만 빙빙 둘러말하기 때문에 속상함을 해소하지 못하고 가슴 속에 차곡차곡 쌓아 놓는다. 서운하거나 기분 나쁜 일들을 잊지 않고 마음 안에 쌓아 놓는다.

〈김구. 헤밍웨이. 달라이라마 14세〉

사자자리 [Leo ♌ 7월 24일~8월 23일]

다른 사람의 지배 받기를 거부하는 타입. 취직을 해도 자신이 사장을 먹여 살린다고 생각한다. 용맹하고 창의적인 혁명가의 기질이 있으나 이기적인 독재자가 되기 쉽다. 은덕을 많이 베풀어야 후환이 없다.

〈나폴레옹. 무솔리니. 카스트로. 마돈나〉

처녀자리 [Virgo ♍ 8월 24일~9월 23일]

숲은 보지 못하고 나무만 본다. 주변 상황은 알지 못하고 필요한 한 가지에만 몰두하는 타입. 때문에 자기 걱정에 빠지면 이상한 슬럼프 상태가 된다. 남자가 더 심하다. 한 가지는 똑 부러지게 하나 전체를 살피지 못한다.

〈톨스토이. 마이클 잭슨. 워런 버핏. 덩 샤오핑〉

천칭자리 [Libra ♎ 9월 24일~10월 23일]

항상 잘 웃는 미소가 주변을 밝게 한다. 천칭이 균형을 잡듯이 기분 나쁜 위기를 웃음으로 평정한다. 붙임성이 좋아 친구가 많으나 자기와 비등하지 않다고 느끼면 한 순간에 돌아선다.

〈소피아 로렌. 레이 찰스. 루즈벨트〉

전갈자리 [Scorpio ♏ 10월 24일~11월 22일]

좋게 하는 말도 독이 들어 있어 기분 나쁘게 만드는 타입. 독선적으로 보여 모두를 위해 일을 해도 모두의 심기는 불편하다. 자신을 위해 일을 해도 인생에 보탬이 되지 못한다. 근본 바탕보다는 욕구에 충실하기 때문이다. 자기보다 자신의 터전가정, 직장 등을 위해 살지 않으면 안주할 곳이 없다.

〈박정희. 피카소. 콜럼버스. 퀴리 부인. 야니〉

사수자리 [Sagittarius ♐ 11월 23일~12월 22일]

숲은 보나 나무를 보지 못하는 타입. 흐름 파악이 빨라 사업 확장에 유리하나, 주도면밀하지 못하면 결국 실패한다. 집 없는 울타리는 소용이 없듯이 자기 의지가 분명해야 주변 상황을 자기의 것으로 할 수 있다. 욕구에 집착하기보다는 인생을 살찌게 살아야 한다.

〈월트 디즈니. 윈스턴 처칠. 스탈린. 베토벤. 스필버그. 정주영〉

염소자리 [Capricorn ♑ 12월 23일~1월 20일]

눈앞의 목표 하나만 보고 끝까지 가는 타입. 주변이 어찌 되었든 그러거나 말거나 고지식하게 하기 때문에 반감을 사는 경우가 많다. 수용성이 없으면 환영 받지 못한다.

다각도로 넓게 생각하면 더 큰 성과를 낼 수 있다.

〈슈바이처. 김대중. 오나시스. 모택동. 스티븐 호킹〉

물병자리 [Aquarius ♒ 1월 21일~2월 19일]

남들보다 최소 50년은 앞서가는 천재적 두뇌들. 앞선 생각에 현실을 망각하기 쉽다. 너와 나의 경계가 없는 전체주의자. 유머를 즐기며 흥을 보아도 가슴에 깊이 새겨 넣지 않고 즉각 농으로 되돌려 보낸다. 앞선 생각을 현실을 위해 쓰지 않으면 배고픔을 면하기 힘들다.

〈에이브러햄 링컨. 모차르트. 토마스 에디슨. 갈릴레오. 이병철〉

물고기자리 [Pisces ♓ 2월 20일~3월 20일]

길이 바뀌면 목적도 바뀌는 타입. 연예계에 관심이 많으며 귀가 얇다. 시장에 가다가 재미있는 놀이가 있으면 놀다 가는 타입. 물고기가 강을 따라 흐르다 샛길이 나타나면 샛길로 빠진다 하여 붙여진 이름.

〈아인슈타인. 고르바초프〉

B. 피타고라스 넘버 Pythagoras Number

피타고라스의 정리로 유명한 피타고라스는 〈모든 것은 수數이다〉라고 말하며 만물의 근원은 수라고 생각했다. 또 피타고라스는 〈사람의 특성이 왜 서로 다른가〉 하는 문제를 수를 통해 풀어보려고 했다. 사람들을 가르칠 때, 〈어떤 사람은 알아듣고 어떤 사람은 도무지 이해하지 못하는데, 왜 그렇게 서로 다르며, 같은 부모가 낳은 자식도 왜 서로 다른가〉 하는 문제를 파헤치기 시작했다.

그리하여 결국 우주에 떠 있는 천체들의 영향을 받는다는 사실을 알아냈다. 그리고 피타고라스는 그 특성에 맞는 장점을 살려 사람들을 가르치기 시작했다. 이런 피타고라스의 교육은 많은 사람들에게 호응을 얻어, 당시에 〈피타고라스 교단〉은 막강한 세력을 갖추었다. 피타고라스는 당시에 조로아스터교의 영향을 많이 받았다.

피타고라스 번호를 뽑는 방법은 양력 생일의 숫자를

모두 더해 한 자리 수로 만드는 것이다. 예를 들면, 1986년 1월 15일은 1+9+8+6+1+1+5=3+1=4가 된다. 합쳐진 두 자리가 10일 경우는 다시 두 자리를 합쳐 1+0=1이 된다. 숫자 하나하나를 모두 더한 뒤 두 자리 수가 되면 또 다시 하나하나를 더해 한 자리 수로 만드는 것이다. 그러나 예외가 있다. 두 자리 수 중에 11과 22는 역시 하나하나 더하면 2와 4가 되지만 11과 22만큼은 예외로 독립하여 존재한다. 예를 들면, 1985년 2월 13일생은 1+9+8+5+2+1+3=2+9가 되어 11이 된다. 이렇게 11과 22는 독립해 존재한다. 그리고 피타고라스는 홀수는 양陽 에너지, 짝수는 음陰 에너지라고 하여 음양의 조화를 표현했다.

[PN-1 : 왕관성王冠星] 최고를 상징하는 수로 통일을 뜻한다. 태양계의 태양이 곧 1번을 상징한다. 모든 것의 중심으로 독립심과 지도력 그리고 행동력을 갖추었다. 아무것도 없는 상태에서 창조해 내는 리더의 자질이 있다. 양 에너지로 가장 강한 상태이다.

[PN-2 : 지성성知性星] 조화, 균형, 조심성의 상징으로 가장 강한 음 에너지이다. 강한 음 에너지이기 때문에 조화롭지 못한 상황에서는 불만이 많으나 그렇다고 배신하지는 않는다. 강력한 양 에너지인 PN-1의 말은 잘 듣는다. 동정심이 많고, 대우를 받으면 기꺼이 협조한다.

[PN-3 : 발전성發展星] 눈앞의 목표물이 있으면 반드시 성취하는 타입. PN-1인 왕관성이 없는 세계에서 원하는 것을 창조한다면, PN-3은 사다리를 올라가듯 눈앞에 보이는 목표를 보고 하나하나 정진하여 정복한다. 가장 친한 친구라도 앞의 순서에 있으면 갑자기 라이벌이 된다. 회사원이나 공무원 등 정해진 자리에서 최고를 누릴 수 있다.

[PN-4 : 안전성安全星] 법칙, 원칙의 수호자. 정해진 룰Rule을 지켜야만 편안한 타입. 룰에 얽매여 자신의 큰 뜻을 잃어버릴 수가 있다. 그리고 본인의 안전이 상대방에게는 짜증날 소지가 있다. 연구원이나 학자에 적합하다.

[PN-5 : 행동성行動星] 사람과 연분을 중요시하지 않는다. 기회만 생기면 남 몰래 발 빠르게 움직여 이기적으로 보인다. 협동하기보다는 개인적 자유를 소중하게 생각한다. 매사에 계획적이기보다는 충동적이며, 평범한 것에는 만족하지 않는다. 그리고 반대를 받으면 받을수록 반항심을 불태운다.

[PN-6 : 조화성調和星] PN-4가 정해진 법칙의 수호자라면 PN-6은 자기 원칙의 수호자다. 선생님적 자아로 남을 가르치듯 자기 원칙을 설명한다. 그리하여 자기식으로 조화를 이룬다. 자기 원칙이 깨어지거나 통하지 않으면 버럭 화를 내며 핀잔과 독설을 퍼붓는다. 학교 선생님이나 간호사 등 봉사와 교육을 하는 직업이 좋다.

[PN-7 : 완전성完全星] 실현 불가능할 정도로 높은 목표를 설정해 용두사미가 되기 쉽다. 또 남의 의견을 받아들이지 않는 완전주의가 되기 쉽다. 그 때문에 고립되기도 쉽다. 자기 체험을 소중히 생각하며, 무엇이든 자기가 경험해 보지 않으면 믿으려 하지 않는다. 많은 사

람들과 어울리려 하지 않고, 믿을 수 있다고 확신하는 사람만 골라서 사귄다. 남의 의견에 좌우되지 않으며, 일도 애매하게 하는 것을 싫어한다.

[PN-8 : 지배성支配星] 행동력, 활동력이 풍부하며 칼로 자르듯 흑백이 분명하다. 그러나 신중함이 결여되어 후회도 많다. 아니다 싶으면 가차없이 끝장낸다. 무엇이든 돈으로 만들어 버리는 능력이 있어 사업 수완이 좋다. 집중력이 강하고 일에 목숨을 거는 타입으로 일에 몰두한다. 그러나 결과가 잘못되면 사기나 범죄도 서슴지 않을 만큼 열정적이다. 그만두거나 절교를 할 때는 반드시 한번 참고 기다리는 습관을 길러야 한다.

[PN-9 : 신비성神秘星] 이미지에 약하다. 금이 노랗다고 설명한 뒤 노란 똥을 보여 주면 금이라고 한다. 감수성이 예민한 성격으로 이상주의, 철학, 심령적인 세계를 좋아한다. 때때로 현실 사회에 절망감을 품으면 더욱 이상적 세계에 몰두한다. 남을 위한다고 하는 일이 도리어 상대에게 언짢은 일이 되거나 불필요한 봉사를 되풀이

하는 경우가 많다. 이러한 되풀이가 계속되면 현실생활과 동떨어진 종교적 생활로 방향을 돌리거나, 시나 음악 세계로 도피하는 경향이 많다.

[PN-11 : 혁신성革新星] 환상 속의 몽상가. 진보적이며 꿈을 좇는 사람. 전위적인 것을 찾으며, 현상에 만족하지 않는다. 자극을 요구하며 여행을 즐긴다. 신비적이며 미지의 것을 향하여 도전하려는 호기심이 강한 사람. 그래서 조직 속에서 살기보다는 혼자 자유롭게 살기를 원한다.

[PN-22 : 대행운성大幸運星] 불가사의한 행운이 있는 사람. 원해서 하기만 하면 저절로 쉽게 이루어진다. 불운을 겪는 경우가 거의 없고, 〈안 되는구나〉하고 체념하면 뜻밖의 협력자가 나타나 구조를 받는다. 그래서 자기중심적으로 사물을 생각하며, 자기 능력을 과신하기 쉽고, 모든 것이 자기 뜻대로 된다고 생각해 버린다. 법이나 조직을 무시하고, 자기로서는 나쁜 일을 하고 있지 않다고 생각하는데도 복잡한 일에 휘말려 위법행위를

무의식중에 저지르기 쉽다.

C. 코스모스 넘버 Cosmos Number

코스모스 넘버는 [천성검사표-1]을 보면 알 수 있다. 생일은 양력으로 해당 연도 위에 적힌 숫자가 숙명성이다. 운명성은 태어난 날짜를 보고 위의 숫자를 택하면 된다. 외관성은 가로에 숙명, 세로에 운명 번호를 넣고 만나는 곳의 번호가 외관성이다.

코스모스 넘버는 3개의 번호로 나뉘어 있는데 첫 번째 번호는 숙명번호, 두 번째 번호는 운명번호, 그리고 세 번째 번호는 외관번호로 겉모습을 뜻한다. 즉, 숙명은 선천적으로 타고난 생긴 틀이라고 할 수 있으며, 운명은 인생의 흐름 또는 작용이라고 할 수 있다. 외관은 내용이야 어쨌든 겉보기를 말하는 것이다. 이른바 사장님처럼 보인다, 연예인처럼 보인다, 운동선수 같다는 등 사실과 관계없이 겉모습이 주는 인상을 말하는 것이다.

[CN-1 : 고달파도 좋아] 완벽주의자. 번영을 뜻하며 사념이 많고 정신력이 뛰어나다. 기회 포착이 빨라 일찍 성공하는 예도 많다. 문제는, 너무 완벽하게 하려고 하기 때문에 밑의 사람이나 주변 사람을 몹시 피곤하게 만든다는 것. 또 이미 완벽하게 해놓은 것을 더 철저히 하기 위해 한 번 더 시도하다 완전히 망가뜨리는 경우도 있다. 집단의 규율, 목적 등의 틀보다는 독자적 행동이 허용되는 일이 좋다.

[CN-2 : 뭐가 되었든 간에] 인내와 순종의 소유자. 결정적인 문제점은 똥인지 오줌인지 핵심을 가리지 못한다는 것. 반면에 풋풋한 인간애와 가리지 않고 받아들이는 정 때문에 친구가 많다. 사물을 가려내는 센스가 부족하여 아무리 멋있는 옷을 입어도 어딘가 모르게 촌티가 난다. 그러나 아무리 힘든 역경이 와도 꿈쩍 않는 강심장과, 결과가 나올 때까지 꾸준히 계속하는 끈기와 인내는 타의 추종을 불허한다.

[CN-3 : 나를 위해서라면] 선구자. 발상. 성취. 임기응변. 찬스를 빨리 잡는 민첩함과 기발한 아이디어로 하고자 하면 무엇이든 성취한다. 세상과 나는 하나이므로 세상을 위하는 길이 곧 나를 위하는 길이며, 나를 위하는 길이 곧 세상을 위하는 길이라는 마음으로 무엇이든 해낸다. 나라를 건국하기도 하며 회사나 조직을 설립하기도 한다.

[CN-4 : 지금 이 순간에 어찌하리] 사교성. 우유부단. 방랑. 떠돌이. 지속성 결여. 문제점은, 앞뒤를 가릴 줄 몰라 먼저 할 것과 나중에 할 것을 구별하지 못한다는 것. 그러나 사람 사귀기를 좋아하며 인간관계에 무리가 없어 이른바 발이 넓다. 또, 운명 패턴에 이 수가 나오면 식구들과 떨어져 살거나 멀리 출장을 가거나 한다. 어려서 공부하러 부모와 떨어져 도회지로 나가는 경우도 마찬가지다.

[CN-5 : 누가 뭐래도] 제왕의 자리. 숙명 번호에 이 수가 나오면 남자는 8번, 여자는 2번과 같다. 제왕의 자

리라고 일컬어지듯, 만인 위에 서는 기개를 갖추고 있다. 이 번호는 틀이 아니라 파워이기 때문에 운명 번호에 이 숫자가 나오면 앞의 숙명이 몇 배 더 강하게 작용한다. 일이 순조롭지 못하면 목적을 위해 수단을 가리지 않아 큰 덕망을 갖출 필요가 있다.

[CN-6 : 내 멋대로 하련다] 철칙. 존엄. 도전. 원조. 엄격한 자기 규율의 소유자. 때문에 자기 위엄이 무척 강하다. 남을 위해 원조하거나 후원하길 서슴지 않으며, 자기보다 못한 사람이다 싶으면 아낌없이 돕는다. 그러나 자기 잘못이 아니더라도 위엄 때문에 감히 변명하지 못하고 뒤집어쓰기도 한다. 심하게 궁지에 몰리면 해결하기보다는 자살을 택한다.

[CN-7 : 재미만 있다면] 사업 수완. 적극. 민첩. 최고급 음식과 옷이 아니면 만족하지 못하는 사치성도 갖고 있지만, 그런 만큼 돈이 될 수 있는 것을 찾는 안목이 있어 사업 수완이 좋다. 그러나 뭐든지 재미 위주로 하기 때문에 돈 버는 재미보다 다른 재미가 있으면 번 돈을

그곳에 쏟아 붓는다. 아니면 일도 놀기 위해 한다. 자제와 인내 등에 재미를 붙이면 위업을 이룬다.

[CN-8 : 주기만 한다면] 실속파. 쇠보다 나은 귀금속의 가치를 아는 사람. 부동의 자아로 협조와 양보가 없다. 언제나 받을 준비가 되어 있는 사람. 이상하게 이 번호의 사람은 받을 선택권이 부여된 사람이다. 장남이 아니더라도 부모로부터 많은 재산을 상속 받으며, 복지가의 도움이 저절로 들어오기도 한다. 그러나 너무 자기실속만 차리고 남을 배려하지 않으면 끝내는 따돌림을 당해 외롭고 쓸쓸한 인생이 된다.

[CN-9 : 여하튼. 나를 중심으로] 자존심. 극과 극. 우월감. 아주 잘되거나 안 되거나, 높거나 낮거나 극과 극을 사는 사람. 남에게 지지 않으려 하고 평범함을 싫어하기 때문에 독특한 생활 패턴을 좋아한다. 항상 자기중심적이며 자기만족만을 위하는 사람. 때문에 남을 위한 배려나 친절을 모르는 사람. 남을 배려하는 마음이 있으면 인덕으로 엄청 잘되고 배려심이 없으면 거지꼴

을 면치 못한다. 자기를 위해서라면 여하튼 뭐든지 하는 사람.

D. 라이프 패턴 Life Pattern

[천성검사표-2]를 보면 자신의 라이프 패턴을 알 수 있다. 음력 생일로 가로축은 연간, 세로축은 일간을 넣어 만나는 부분이 자신의 라이프 패턴이다.

열매의 씨앗이 어떤 것은 얇은 막으로 되어 있고, 어떤 것은 작고 딱딱한 껍질로 되어 있으며, 또 어떤 것은 칼이나 도구를 사용해야만 꺼낼 수 있는 아주 단단한 것으로 되어 있듯이, 사람도 성격과는 다른 어떤 삶의 패턴이 있다. 이 라이프 패턴을 모르면 사람들은 자기 자신의 마음만 믿고 사람은 누구나 마음이 같을 것이라고 생각하여 〈왜 저 사람은 저토록 특별한가〉 하고 의문을 품게 된다. 또한 자기 마음에는 그럴 생각이 전혀 없었는데 자기도 모르는 자기를 지적하면 〈내 마음은 그렇지 않다〉고 생각하며 상대방이 일방적으로 잘못 생각하고 있다고 믿게 된다. 그러므로 이 라이프 패턴을 주의 깊게 인식하고 자신의 패턴을 확실하게 알아서 스스로에게 당하지 않도록 유념해야 한다. 벗어나는 길은 〈갈아타기〉에서 설명한다.

자기 자리 형[Proper Position Type] 어느 방면으로 나서든 자기 적성에 맞게 순응하는 타입. 세상과 융화하면서 자기 길을 간다. 역경을 만나더라도 자포자기 하지 않으며, 자기가 원했던 세계를 만난 듯이 편안함과 행복을 느끼는 타입. 때문에 이런 사람은 별 문제 없이 편안하게 식구처럼 함께 지낼 수 있다.

엇박자 형[Imbalance Type] 이상할 정도로 서로 마음이 딱 맞아 떨어지지 않는 타입. 산에 가자고 하면 바다로 가자고 하고, 고속도로로 가기로 하면 혼자 따로 국도로 오는 타입. 함께 있어도 같이 있는 것이 아닌 별개의 존재. 함께 가더라도 이 사람은 자기 길을 가는 것이다.

빨판 형[Suction Type] 생활력이 왕성하고 인생을 요령 있게 살아가는 타입. 계산이 아니라 본능적으로 자신에게 유리한 것을 끌어오는 능력가. 있는 자리에서 자기에게 필요한 것을 볼 줄 알며 그것을 끌어와 자신의 것으로 한다.

바로 여기 형[Perfect Type] 항상 대기실에서 기다리고 있듯이 이 순간을 위해 사는 타입. 때문에 충직하게 주어진 일을 성심껏 한다. 고달프고 힘들어도 내색하지 않고 묵묵히 하는 타입. 두려움을 모르고 편안하게 행동하는 것이 장점이자 특징.

쨍그랑 형[Crack Type] 내심 조바심 속에서 〈잘못하지 않나〉 하며 피해의식에 사로잡혀 사는 타입. 항상 위협 받는다는 불안감에 사로잡혀 있다. 잘못을 지적 받으면 가슴이 철렁 주저앉으며 아무것도 못하고 두려움에 빠진다. 강한 것에 약하고 잘못만 없으면 마냥 행복한 타입.

캡슐 형[Capsule Type] 외부로부터 격리되어 보호받고 있는 타입. 스스로 높은 곳을 바라보고 자기 멋대로 행동하면 신상을 망칠 조짐이 있다. 껍질에 쌓여 있듯이 밖을 보지 못하고 자기 식으로만 하기 때문에 상대에 대한 배려가 없고 곧이곧대로 한다. 전반적인 상황을 모른 채 자기 주장을 내세우면 상대는 분노를 일으킨다.

제멋대로 형[Arbitrariness Type] 일의 핵심은 모른 채 사기 하고 싶은 대로 하는 타입. 세상과 아무 상관없이 자기 길을 간다. 약속을 하고도 끝내는 자기 좋을 대로 한다. 이른바 말은 해도 마음이 통하지 않는 타입. 성심 성의껏 설명해도 그 까닭을 이해하지 못한다.

순종 형[Obedience Type] 자기 이익을 양보하더라도 상대가 좋아하면 그것으로 만족하는 타입. 다른 말로 무엇을 잃었는지 못 느끼는 타입. 열심히 땀 흘려 일한 그 자체를 보람으로 생각한다.

헌신 형[Service Type] 자기를 포기하고 오직 주어진 세계를 위해 봉사하는 타입. 그리고 그 봉사를 값지게 생각하는 타입. 내 땀에 의해 주어진 세계가 부강해지면 그것으로 만족하는 타입. 사회사업가, 자선 사업가, 종교 활동가 중에 많다.

독존 형[Domination Type] 상대방을 억압하고 상대방 위에 군림하려는 타입. 부하 없는 장군. 남의 말은 가볍게 생각하고 자기 뜻을 관철시키려는 타입. 상대를 위한 진정한 배려가 없고, 상대에 대한 배려도 끝내는 자신을 위한 조치로 하는 타입. 따르는 사람은 없는데 대장처럼 행동한다.

E. 비밀의 열쇠 Secret Key

[천성검사표-3]을 보면 당신의 인생에 꼭 필요한 부족한 부분을 알게 될 것이다. 가로축은 음력 생월을 보고,

세로축은 생시를 본다.

 아무리 잘 해도 어딘가 10% 부족한 듯 보인다면 바로 이 부분이다. 그러므로 이 부분을 주의 깊게 이해하고 도전을 하든지, 아니면 피해야 한다. 그러나 〈비밀의 열쇠〉는 인생을 성공적으로 살기 위해 꼭 필요한 포인트이므로 주의 깊게 인식하고 받아들여야 한다.

 머리[Brain-총명] 머리 쓰는 일이 서툰 사람. 현실을 살펴 결과가 현실에 적중할 수 있도록 노력하든지, 아니면 사람들에게 믿음을 주어 신뢰받는 사람으로 각광받을 수 있도록 하기 바란다.

 손[Dexterity-손재주] 손 쓰는 재주나 동작이 느린 사람. 끝마무리 할 때도 적당히 얼버무려 끝낼 때가 많다. 손이야 남의 손을 빌려도 되지만 마무리를 적당히 하는 습관은 반드시 고쳐야 한다.

 어깨[Responsibility-책임감] 모든 일은 감당해야 할

〈정도〉가 있는 법이다. 흔히 〈어깨가 무겁다〉라고 말하는 세계가 있는데 이것을 못 느낀다. 〈한다〉라는 것은 자기가 즐겁거나 좋아서 하는 것이지만, 자기와는 상관없이 상황을 위해서 하기도 하는 것이다. 책임져야 할 세계를 못 느낀다면 자신을 위해서라도 있는 자리에서 인내하고 버텨야 할 것이다.

배[Boldness-배짱] 누구에게나 고지高地는 항상 힘든 법이다. 그러나 아무리 힘들어도 마음이 가볍게 생각하면 별 것 아니다. 이렇게 마음이 별 것 아니기 위해서는 배짱이 있어야 한다. 당신은 힘든 상황이 오기 전에 먼저 마음에 두려움이 온다. 특별한 무리가 아니라면 한번쯤 도전해 보는 것도 자신감을 갖게 하는 방법이다. 힘든 고지는 당신뿐 아니라 누구에게나 온다는 것을 잊지 말라.

가슴[Heart-애정] 대가는 반드시 물질로만 치르는 것은 아니다. 말 한마디로 천냥 빚을 갚을 수도 있고, 자신을 다 바쳐 도울 수도 있다. 그러기 위해서는 반드시 애정이 있어야 한다. 남보다 좋은 성과를 내기 위해서는 일한 시간과 땀만으로 계산하면 안 된다. 얼마나 그 일에 애정을 갖고 성심껏 했느냐가 관건이다. 매사 애정을 갖고 정을 베푸는 마음으로 살면 당신은 반드시 행복을 누릴 수 있다.

귀[Listen-경청] 아무리 자신감이 넘치고 자기 판단이 옳다고 믿더라도 남의 말을 경청할 줄 알아야 한다. 세상은 넓고 자기가 모르는 세계는 반드시 있는 법이다. 때문에 일단 다른 사람의 말을 주의 깊게 들어보고 현실성과 연관성 등을 면밀히 검토해서 행동하기 바란다. 또 나만을 위하지 말고 상대도 만족할 수 있도록 선심을 베푸는 것이 좋다.

발[Activity-활동성] 좋은 설계도가 있다고 좋은 제품이 되는 것은 아니다. 좋은 재질과 성심껏 일하는 노력이 있어야 좋은 제품이 만들어질 수 있다. 계획만 갖고 앉아서 생각만 하지 말고 당신은 발이 부르트도록 뛰어다니며 일해야 한다. 여기저기 직접 다니며 현장감을 느껴야 한다. 그때 당신의 값어치는 훨씬 돋보여 광채를 발휘할 것이다.

성기[Chastity-순결] 우주는 고난을 통해 성공을 주며, 쾌락을 통해 고된 일을 시킨다. 그리고 쾌락은 절제를 통해 얻기도 한다. 수도승은 절제를 통해 쾌락을 대신하는 것이다. 가정을 지키지 않고 단지 성적 쾌락만을 따라 방황하면 그 끝은 자기를 잃게 될 것이다. 그러므로 배우자를 소중하게 생각하고 애정을 통해 정조를 지킨다면 당신은 쾌락으로 설명할 수 없는 행복을 누릴 것이다.

F. 에너지 패턴 Energy Pattern

[천성검사표-4]를 보면 알 수 있다. 생일은 음력으로 세로축은 일간, 가로축은 사주四柱와의 조합으로 본다. 연월일시年月日時의 네 가지 패턴이 있으며, 패턴에 따라

힘의 강약이나 해석의 정도가 차이 날 수 있다.

에너지 패턴은 자신의 건강이나 원기와는 상관없이 천체로부터 부여 받은 운명적 힘을 말한다. 왕이 되는 사람은 왕의 기운이 있기 때문이며, 병으로 고생하는 사람은 질병의 기운이 있기 때문이다. 출세하는 사람은 출세할 수 있는 기운이 있어야 한다. 출세할 기운이 없으면 상황이 와도 자기 것으로 만들지 못한다. 또 자신의 기운과 맞는 현실을 성취하지 못하면 공연히 사람들로부터 미움을 받는 요소가 되기도 한다. 예를 들면, 왕의 기운이 있는 아이는 어딘가 모르게 공손하지 않은 것 같고, 또 나이가 들어서 왕처럼 되지 못하면 주변 사람들에게 어딘가 모르는 불쾌감을 주게 된다. 그러므로 이 패턴을 보고, 강한 사람은 숙일 줄 아는 겸허를 배우고 약한 사람은 강한 배포를 키워 대응할 줄 알아야 한다.

활력의 힘[Energetic Power] 최고의 파워로 이 힘을 갖고 태어나면 뭐든지 활력 넘치게 성과를 낼 수 있다. 그래서 무슨 일이든 숙달이 빠르다. 그러나 남을 지배하는 힘은 없다. 단지 정성껏 윗사람을 섬기고 공경할 뿐이다. 착한 사람이다.

황제의 힘[Emperor] 최고의 힘으로 절대 남에게 고개 숙이지 않는다. 상황이 어쩔 수 없어 남의 밑에 있더라도 절대 속으로 머리 숙이는 법이 없다. 뛰어난 계략과 리더의 기운이 있어 언젠가 그들의 우두머리가 된다. 내 길을 걸어가는 기개가 있다. 겸허한 자세로 배려하는 수양을 쌓아야 무리가 없다.

창건의 힘[Foundation] 강력한 힘으로, 무에서 유를 창조하는 위대한 힘이다. 독립심이 왕성하므로 조상의 업業을 계승하기보다는 스스로 창업을 한다. 이른바 창업주들이 여기에 속한다. 항상 없는 곳에서 새로운 것을 만들고 싶어 하는 발상과 안목을 갖추고 있다. 자수성가한다.

출세의 힘[Advancement] 강한 힘으로, 보이는 것은 모두 가질 수 있는 추진력이 있다. 그러나 용기만 있고 모사謀事가 없어 없는 자리는 만들지 못한다. 지기 싫어하며, 있는 자리는 원하면 차지할 수 있는 출세가도의 원천이다. 윗사람으로부터 인정받아 승리의 벨트의 주인공이 된다. 그러나 아랫사람에게 베풀 줄 모르면 원성이 높아 위태롭게 된다.

속 빈 강정[Declining Power] 강력한 힘에서 밑으로 내려가기 위한 중간 단계로 아직 겉 힘은 그런대로 강력해 보이나 실속이 없다. 온후하지만 적극성이 없으며 웅대한 일을 좋아하지 않는다. 마음 편한 것이 최고라고 생각하며 매사 순종적이고 원만하게 화합한다. 다툼을 싫어하고 다툴 일은 피하려는 경향이 있다. 다투지 않고 이기기 위해서는 처음부터 세밀한 작전으로 제압할 수 있도록 머리를 써야 한다.

비타민[Vitamin Power] 모든 일에 영양을 줄 수 있는 힘이다. 온후하고 교제에 능해 친한 사람이 많다. 그러나 큰 뜻을 품지 않고 현 상태로 만족한다. 또 부모와 인연이 희박하고 양자 또는 데릴사위가 되기도 한다. 무엇을 해도 거짓이 없는 착한 사람이다.

철부지[Rube] 유시무종有始無終. 스스로 자기 할 일을 챙기지 못한다. 이내 싫증을 내고 자기 갈피를 잡지 못한다. 사치와 허영이 심하고 끝까지 해내는 지구력이 부족하다. 그래서 이성교제도 오래가기 힘들다. 월月에 이것이 있으면 어려서부터 멋만 좋아하고 유행을 따른다. 자기 허물을 벗지 못한다. 좋은 곳을 찾지 말고 있는 자리를 좋게 만들 각오로 헌신하라.

병약[Infirmity] 다정다감한 기운. 심신이 쉽게 피곤해한다. 육체적 활동보다는 정신적 활동에 능하다. 언제라도 병이 생길 수 있기 때문에 항상 건강에 유념하여 의외로 장수하는 사람이 많다. 육체적 직업보다는 학술적 직업이 유리하다.

사생결단[Unstoppable] 결단력이 부족하고 걱정이 많다. 경제에 무관심하며 종교, 철학, 학술, 예술 등 학문에 관심이 많다. 알고자 하는 것과 하고자 하는 일은,

차라리 죽는 한이 있더라도 끝까지 한다. 끝을 보고 마는 끈질긴 힘이 있다. 부부의 연이 한 번으로 끝나지 않는 사람이 많다.

구두쇠[Scrooge] 죽은 사람처럼 겉치장을 하지 않고 축재에만 전념한다. 철저한 실용주의이고 경제 위주로 처신하므로 공부나 일도 돈 때문에 한다. 종교나 철학은 필요 없다. 경리 계통에 능하며, 경제적이고 검소하여 구두쇠 소리를 듣는다. 그러나 나름대로 자기 취향이 있다.

절단기[Cutter] 이내 싫증을 내는 급한 성격이나. 치음에는 열심히 하나 곧 팽개쳐 버린다. 칭찬하고 아부하면 홀딱 빠져 속는다. 반면에 자기 마음에 들지 않으면 상황이 어찌 되었든 단칼에 잘라 버린다. 변화를 즐긴다. 그러나 자기보다 상황을 염두에 두지 않으면 현실을 살기 힘들어진다.

미숙[Immature] 유머가 있으며 인간미가 풍부하다. 어린 아이처럼 순박하나 진위를 가릴 줄 모른다. 멋을 부려도 어딘가 어설프고 촌스럽다. 약간 부족한 듯싶은 사고력을 지녔으나 사람이 좋아 친구가 많다. 정이 많고 가림이 없어 누구나 좋아한다. Ψ

천성검사 해석하는 법

지금까지 천체로부터 부여 받은 생명 에너지로 형성된 자신을 살펴보았다. 여섯 가지 방법 중 어떤 것은 계속 같은 내용의 것이 나오기도 하고, 또 어떤 것은 서로 다른 내용이 나타나기도 한다. 이렇게 같은 것끼리 반복되는 것은 그 사람의 두드러지는 특성이고, 서로 다른 것들은 상쇄되어 그 특성이 약해진다고 보면 된다. 잘살고 못사는 것과 유복하고 박복한 것은 사실 이 천성검사와 직접적인 관계는 없다. 그러나 여러분이 쭉 읽다 보면 〈아! 나의 특성은 불만 없이 직장에서 중간 간부가 되어 살 팔자구나〉라든가 〈나는 창업을 해서 많은 사람들을 거느리고, 그들을 먹여 살리며 사업을 할 사람이구나〉 하는 따위의 기준이 섰을 것이다. 또, 어떤 사람은 〈나는 운명적으로 한 곳에 뿌리 내리고 오래 있을 사람이 못 되는구나. 그렇게 살지 말아야지〉 하면서 운명을 바꿀 생각도 하게 될 것이다. 그리고 수많은 다른 사람의 삶도 있을 수 있다는 것을 이해했을 것이다. 거듭 말하지만 인생은 싸이파워를 통해 창조하면 된다. 단지 자기의 역량을 알고 다른 삶을 부러워하지 말라는 것이다. 이 점을 확실하게 이해하지 못하면, 될 수 없는 목표를 설정하여 인생을 헛고생하며 살게 된다. 될 수 없는 것은 되지 않는다. 자신에 맞게 될 수 있는 것만을 하라.

1. 먼저 〈별자리〉를 본다. 그리고 〈피타고라스 넘버〉와 〈코스모스 넘버〉를 보고 어떤 사람인지를 파악한다. 그리고 얼마나 잘 적응할 수 있는지 하는 부분을 〈라이프 패턴〉을 통해 살펴본다. 그 다음에 무엇이 부족한 사람인지 〈비밀의 열쇠〉를 통해 살펴본다. 끝으로, 얼마나 버틸 수 있는 힘을 갖고 있는지 〈에너지 패턴〉을 통해 확인한다. 처음엔 한 번에 종합적으로 판단하기가 어렵지만 자꾸 뽑아 보고, 실제 그 사람과 비교하면서 연구하다 보면 어느 순간 사람을 안 보고도 오랜 시간 함께 지냈던 사람처럼 파악할 수 있게 된다.

2. 실례로 1960년 12월 29일 오후 3시 30분에 태어

난 사람을 살펴보자. 별자리는 〈염소자리〉. 피타고라스 번호는 〈3번〉. 코스모스 번호는 〈472〉이다. 이 사람의 라이프 패턴은 〈엇박자〉 형이며 비밀의 열쇠는 〈손〉에 있다. 그리고 에너지 패턴은 〈활력, 활력, 절단기, 황제〉이다. 종합적으로 판단하면, 이 사람은 한번 하고자 하는 목표가 설정되면 목표에 도달할 때까지 끝까지 하는 타입염소자리이며, 피타고라스 번호가 3번이므로 한 계단 한 계단 나름대로 눈앞에 보이는 목표를 차곡차곡 쌓아 올라가는 사람이다. 문제는, 가끔씩 어느 것을 먼저 해야 할까 하는 순번을 잘못 선택해서CN-4 늦어지거나 그르칠 수도 있으나, 돈이 될 만한 상품을 선택하는 안목이 있어CN-7 안 될 것 같은 것도 성사시킨다. 그러나 아무리 좋은 옷을 입어도 어딘지 모르게 싼 티CN-2가 나며, 인간관계는 다른 사람의 의견을 좇지 않고 독자적엇박자으로 한다. 작으나마 자기 사업황제을 할 것이며, 이상하게 일에 대한 의욕활력이 많다. 그러나 하다가도 아니다 싶으면 하루아침에 포기절단기할 수도 있다. 또, 남을 시켜서 해도 될 일을 일일이 자기 손손으로 해야만 안심이 되어 크게 일하기보다는 수입에만 전념하는 타입이다.

3. 1962년 4월 28일 새벽 2시에 태어난 사람의 천성검사는 〈황소자리〉에 〈PN-5〉, 〈CN-297〉. 〈쨍그랑〉형에 〈귀〉. 〈활력, 출세, 병약, 비타민〉이다. 종합적으로 판단하면, 넓게 살펴보고 하는 것이 아니라 자기식대로 일을 추진^{황소}하며, 위급하면 동지와 결별^{PN-5}할 수도 있고, 무엇이 값진 것인지 파악할 수 없어^{CN-2} 닥치는 대로 밀고 나가는 저돌적인 면^{CN-9}이 있다. 다른 사람이 그렇지 않다고 충고하면 받아들이지 않고^귀 끝까지 자기 뜻을 관철시키고자 하나 윗사람으로부터 지적을 당하면 자신의 모든 의지를 허물어뜨린다^{쨍그랑}. 신경성 질환으로 어딘가 신체에 지병^{병약}이 있으나 그래도 하룻밤 푹 쉬고 나면 다음날 또 다시 활기차게^{출세} 활동^{비타민}을 한다.Ψ

인생 창조

PSY POWER

마음이 곧 하늘

눈에 보이는 땅의 세계가 있고, 땅을 채울 하늘의 세계가 있으며, 하늘의 세계를 움직이는 사람이 있다. 그렇다. 우리의 마음이 곧 하늘이다. 물론 우주는 나름대로 에너지의 강약에 의해 스스로 움직이지만 땅의 세계에 영향을 줄 수 있는 하늘과 같은 세계를 우리는 가지고 있다. 그것이 곧 우리의 마음이다.

그래서 인생은 하늘에 무엇이 담겨 있는가에 따라 현실로 나타나는 것이다. 우리 마음은 크게 두 가지 형태의 필름이 있다. 하나는 이미지라고 하는 생각의 세계이고, 또 하나는 감정이라고 하는 날씨와 같은 기후의 세계이다. 먼저 감정은 크게 나누어 희로애락을 들 수 있는데, 희喜와 락樂은 우주의 리듬락樂과 같아서 좋은 일을 불러들이기도 하지만, 원하는 소원을 자기도 모르게 이루어낼 때의 모습이기도 하다. 또 바라는 일이 이루어질 때 잘 되고 있다는 증거이기도 하다. 그러나 분노는 현실 세계를 파괴할 뿐만 아니라 또 다른 분노를 불러들이기도 한다. 그리고 끝내 자기 분노를 참지 못하면 스스로를 파괴자살하는 비참함을 겪게 된다. 슬픔 역시 자신을 무능하게 할 뿐 아니라, 또 다른 슬픔을 불러들여 인생 자체를 희망이 없는 우울한 상태로 만든다. 그리고 이러한 감정 상태에서 무엇을 머릿속에 그렸느냐에 따라 현실이 결정된다. 다시 말하면 원하는 이미지가 머릿속에 분명할 때 이미지와 자기가 일체감을 느끼면서 기분은 왠지 모르게 포근하고 잘될 것 같은 좋은 감정이 든다면 그 일은 현실에 성취되는 것이다. 지금 여러분의 현실은 이렇게 여러분이 원했든 원치 않았든 여러분의 마음이 불러들인 것이다.

그러나 여러분은 아직 확실하게 그렇다는 납득이 가지 않을 것이다. 스스로 나쁜 생각을 한 것 같지도 않고 스스로 가난하길 바라지도 않았기 때문이다. 그런데도 생각과 현실이 다르다면 그 이유는 우리 마음이 아프락사스의 원리에 의해 드러나는 의식과 드러나지 않는 무의식으로 나누어져 작용하기 때문에 그렇다. 그래서 여러분은 〈나는 이런 삶을 불러들인 적이 없는데〉라고 말하고 싶은 것이다.

미국 인디언 속담에 〈간절한 꿈을 만 번만 정성 들여 말하면 그 소망이 현실로 이루어진다〉는 말이 있다. **현실은, 우리의 마음이라는 에너지가 공감을 일으킬 수 있는 이미지를 세상에 내보내 그 이미지와 똑같은 파장을 자기 주변에 불러들인 것이다.** 문제는, 원하는 이미지를 우주에 내보내는 방법을 모르고, 또 자기도 모르게 무의식적으로 무엇이 나갔는지 알 수 없다는 것이다.

그러면 먼저 우리의 인생이 만들어지는 원리를 확실하게 알고, 다음으로 원하는 것을 현실 세계에 창조하는 법을 배우자. Ψ

현실과 인생

 이 책을 읽으면서 가장 큰 문제는 아직도 여러분이 입자적 관념으로 이해한다는 것이다. 우리 마음도 에너지이기 때문에 끌어당기는 음 에너지와 뻗어나가는 양 에너지가 마치 흐르는 물처럼 함께 흐르고 있다. 그런데 마음은 혼자만 있는 것이 아니라 몸이라고 하는 육체와 함께 있다. 그리고 육체는 오감이라고 해서 마음이 느낄 수 있도록 다섯 가지 통로를 열어 놓고 있다. 일단 여기서는 보고 듣는 두 가지의 세계만을 갖고 설명하겠다. 마음이 물이라면, 물은 눈을 통해 들어온 그림을 재미의 강약에 따라 물위에 쌓아 놓는다. 소리도 이렇게 함께 쌓아 놓든지 아니면 따로 쌓아 놓는다. 그리고 이렇게 마음을 통해 인식된 것들을 마치 얼음처럼 물 위에 저장해 놓는다. 이렇게 저장된 것들은 존재의 원칙에 의해 스스로 하나의 인격체처럼 활동하게 된다. 심리학은 이 인격체를 자아ego라고 한다. 그런데 자아는 겉으로 드러나는 의식이 아니라 드러나지 않는 무의식 속에 살면서 여러분의 입자적 관념의 주인공이 되어 세상을 판단하기도 하고 판가름하는 작용의 주인이 되기도 한다. 하지만 어디까지나 진짜 마음은 얼음과 같은 자아가 아니고, 얼음 이전의 물 그 자체이다. 지금 생각하는 그 생각은 물의 흐름이다. 그러나 우리가 보통 〈나〉라고 말할 때의 나는 물과 같은 진아가 아니고 얼음과 같은 자아를 말한다. 그리고 생각은 물위의 얼음을 통과하며 흐르기 때문에 보통은 자아의 영향을 받으며 흐르게 된다.

원래 우주는 〈락樂〉의 파동밖에 없기 때문에 우리도 항상 즐겁게 살아야 하는데, 자아가 있기 때문에 슬픔, 공포, 분노, 괴로움 등의 부조화된 감정이 생기는 것이다. 이렇게 부조화된 자아의 감정이 아닌 순수 진아의 상태를 〈진공〉이라고 한다. 인도 사람들은 이와 같은 진공 상태를 〈수냐〉라고 부른다. 이 진공 상태는 물의 세계이므로 원하는 이미지를 끌어오는 힘이 있다. 차후 싸이파워 훈련을 할 때 편안한 마음, 즐거운 마음이라고 설명된 편안함과 즐거움은 모두 이 진공 상태임을 기억하기 바란다.

그러나 나이를 점점 먹어가면서 자아는 더욱 강하게 두꺼워지고, 자아를 통해 판단하며 사는 것은 당연한 삶이 되어, 우주를 직접 바로 볼 수도 없을뿐더러, 자기라고 하는 물줄기가 얼마만한 폭을 갖고 어떻게 흐르는지조차 느낄 수 없게 된다.

물은 흐르는 작용뿐만 아니라 끌어당기는 작용도 하는데 지금 의식적으로 하는 생각이 곧 흐르는 물의 작용이며, 알고 싶다거나 갖고 싶다는 생각은 끌어당기는 작용이다. 그리고 이와 같은 작용은 눈에 보이는 땅의 세계현실에 그대로 실현된다. 그런데 문제는, 자기도 모르게 무의식 속에 나쁜 이미지가 들어와 하늘에 그림을 그리고 현실 세계에 끌어들여, 현실 속에서 걱정과 고민을 하게 해 무의식 속에 더 큰 믿음을 갖게 하는 데 있다.

다시 한 번 쉽게 설명하면, 우리 마음은 흐르는 물처럼 생각을 하기도 하고 또 갖고 싶은 것을 끌어오기도

하는데, 원하는 것을 생각하여 끌어오면 아무 상관이 없으나 문제는, 지금까지 보고 느꼈던 자아 속의 이미지들이 자기도 모르게 무의식적으로 하늘에 그림을 그려놓고 그것을 현실 세계에 끌어와서 지금의 현실을 만들고 또 그 현실 속에서 생각을 하며 활동한다는 것이다.

그래서 만약 어떤 사람이 자동차 사고를 보고 충격을 받아 〈나도 사고가 나면 어쩌나〉 하며, 그 사고를 강한 이미지로 무의식 속에 저장해 놓았다면, 그 이미지가 본인의 현실에 나타나기도 하는 것이다. 그러면 그 경험은 또다시 충격이 되어 〈나는 사고가 잘 난다〉 하며 믿게 되고, 그렇게 되면 그 믿음은 더욱 강하게 무의식 속에 작용을 일으켜 윤회를 하듯 사고의 반복이 일어난다. 이렇게 우리 인생은 믿는 대로 나타나는 것이다. Ψ

공명 현상

 그렇다면 하늘마음에 그려진 그림은 어떻게 땅에 나타나는 것일까? 원하는 것이 이루어지고 안 이루어지고는 마음이 원하는 쪽으로 흘러갔느냐, 흘러가지는 않고 생각에만 머물러 있느냐에 달려 있다. **마음이 가야 현실이 따라오는 것이다. 지식적으로 아무리 많이 알고 있다 하더라도 마음이 가지 않으면 결과는 현실에 나타나지 않는다.**

 예를 들어, 아무리 사교술 이론에 정통해 있다 하더라도 미녀를 보고 직접 나서서 접근하지 않는다면 그 이론은 무용지물이다. 이렇게 보이는 것은 아니지만 접근하기 위한 용기, 그 용기가 살고 있는 세계가 곧 하늘이다. 그리고 그 용기는 하늘에서 작용을 하여, 땅에 있는 미녀를 찾고 끌어당겨 현실 세계에 성취시킨다.

그런데 하늘의 세계는 눈에 보이는 땅의 세계와 달라서 모든 것이 파동으로 이루어져 있다. 땅의 세계는 입자로 구성되어 있기 때문에 형태가 분명하지만, 파동의 세계는 주파수 혹은 사이클로 이루어져 있기 때문에 형태로 표현할 수가 없다.

용기와 같은 파동의 실체實體 파동의 세계에 존재하며 현실 세계에 작용을 일으키는 것가 있어야 원하는 것을 찾는 작용이 가능하고, 원하는 이미지그림가 분명하게 있어야 그 이미지가 파동으로 변해 원하는 마음이 그 이미지와 같은 파장을 끌어오는 것이다. 이렇게 파동의 실체는 양 에너지를 움직여 현실에 작용하고, 음 에너지인 욕구는 이미지와 같은 주파수를 끌어오는 것이다. 그리고 이와 같이 이미지와 같은 주파수를 끌어와 우리 눈에 볼 수 있도록 땅의 세계에 물질화시키는 작업을 학자들은 〈공명 현상〉이라고 부른다. 실로폰을 앞에 놓고 솔이라고 하는 음판 위에 모래를 올려놓은 뒤, 주변에서 솔이라는 음을 내면 솔 음판이 진동을 하며 모래가 떨어져 나간다. 이렇게 솔이라는 음이 작동을 하면 주변에 솔 음을 낼 수 있는 모든 것의 주파수가 동시에 울리는 현상을 공명 현상이라 한다. 쉽게 말하면 여러분이 길을 지나가다가 어디선가 들려오는 연주음을 들었는데, 그 음이 7음계 중 솔이라고 한다면, 그리고 그 음을 직접 연주해 보고 싶어 마음속에서 솔의 파장을 내보내면, 우주에 있는 모든 솔의 파장은 동시에 진동을 한다. 피아노, 피리, 플루트, 아코디언, 하모니카, 실로폰 등 솔의 파장을 낼 수 있는 모든 물체는 하늘의 부름에 응답공명을 하는 것이다. 그 때 여러분의 마음속에 실로폰이라는 이미지가 들어 있다면, 우주는 여러분이 〈의도〉한 대로 실로폰을 선택공명하여 여러분이 가질 수 있도록 모든 상황을 정리하여 여러분에게 전해 주는 것이다. 물론 실로폰도 여러 종류가 있기 때문에, 여러분이 비싼 실로폰을 〈의도〉하면 현실

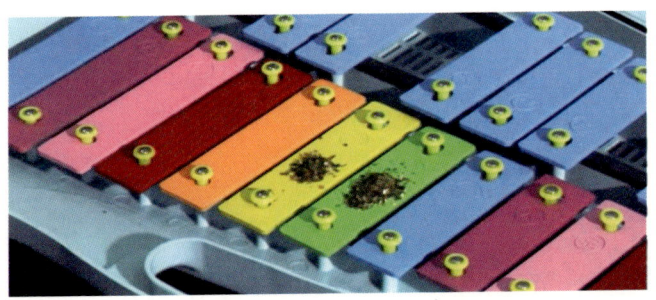

에서 비싼 실로폰을 만나는 것이고, 싸구려 실로폰을 〈의도〉하면 싼 실로폰을 만나는 것이다. 무엇이 되었든 자신에게 꼭 필요하여 간절히 원하면 돈이 있건 없건 우주는 알아서 자기 환경에 맞게 해결을 해 준다. 보통 〈간절히 원하다〉의 〈간절히〉는 마음을 뜻하는데, 여기서 말하는 〈간절히〉는 마음속에 들어 있는 이미지, 즉 〈실로폰을 간절히〉처럼 반드시 그 대상이 있어야 성취되는 것이다. 또 〈의도〉라는 것도 의미로서의 의도만을 말하는 것이 아니라, 자아의 영향을 받지 않고, 원하는 것을 마음속에 꾸준히 간직하며 이루어내기 위한 강한 의지를 말하는 것이다. 이때 의도하고 있는 상태를 뇌파 측정기로 측정해보면, 뇌는 의도한 것이 이루어질 때까지 꾸준히 활동하며 의도의 파장을 계속 내보내고 있다는 것을 알 수 있다. 이렇게 **〈의도〉는 원하는 것이 현실로 이루어질 때까지 꾸준히 활동하면서 우주로부터 원하는 것을 끌어오는 작용을 한다.** 미국의 인디언들이, 간절한 꿈을 정성 들여 만 번 말하면 그 소망이 현실로 이루어진다는 이유가 이렇게 꾸준히 〈의도〉하였기 때문이다. 원하는 것을 항상 가슴에 품고 있으면 우주는 반드시 가슴에 품은 것을 손에 쥐어 주는 것이다.

 그리고 여러분이 미워하는 사람이 있어서 그 사람에게 괴로움을 주기 위해 죽도록 그 사람을 미워하면, 그 사람 자신이 다쳐서 괴로운 상황이 되거나, 아니면 그 사람의 가장 소중한 사람이 죽거나 다쳐서 그 사람이 괴로울 수 있다. 그때 그 미워함 속에는 상대편을 괴롭히고자 하는 괴로움이 들어 있기 때문에 그 괴로움의 파장이 공명 현상을 일으켜 그와 같은 일을 저지르는 것이다. 그러나 그 괴로움의 파장은 의도한 대로 미운 사람에게 복수도 하지만 더 무서운 것은, 자기한테도 공명 현상을 일으켜 언젠가 똑같이 자기의 가장 소중한 사람을 잃는 괴로움을 당하게 된다. 코스모스 센타는 이와 같은 현상을 〈자기공명〉이라 하며, 종교는 업보라고 말한다. 결국 인생은 이렇게 자신이 만들어 가는 것이다.

 하늘과 같은 우리 마음은 강처럼 폭과 깊이가 있다. 큰 강은 넓고 깊어서 유유하게 흐르지만 물의 양은 많다. 작은 강은 폭도 좁고 깊이도 얕아 소리만 요란할 뿐

물의 양은 많지가 않다. 이렇게 강의 폭과 깊이 같은 것을 그 사람의 그릇 혹은 격格이라고 한다. 원래 돈이란, 우주에 없는 것을 인간이 만든 것이다. 자연에 없기 때문에 돈에 대한 가치 기준 또한 확실하지 않다. 그러나 어떤 사람은 유독 돈에 대한 집착이 많아서 모든 것을 돈으로 계산한다. 그리고 돈에 대한 감시 또한 철저해 만사를 제쳐놓고 얼마를 받는지 얼마를 쓰는지 오직 돈으로만 판가름하려 든다. 그런데 이렇게 사는 사람들은 대체로 큰 부자가 없다.

오히려 큰 부자들은 시시콜콜하게 돈 계산을 하지 않는다. 자기 하고 싶은 사업 구상과 팔 수 있는 물량 등을 생각하며 방법을 찾아 실행할 뿐이다. 돈에 매여 사는 사람이 큰 부자를 보면 어딘가 돈 계산이 분명하지 않은 것 같아 무슨 트릭이 있는 것처럼 보이기도 한다. 그래서 돈에 매여 사는 사람들은 부자를 향해 도둑놈이라고 욕설을 퍼붓는다. 그리고 그들은 자신이 왜 그토록 돈에 집착하는지 그 이유를 모른다. 단지 〈돈은 살기 위해 꼭 필요한 것이니까〉라고 말한다. 하지만 사실은 그들이 그토록 돈에 매여 사는 이유는 보이지 않는 마음속에 가난이 들어 있기 때문에 그렇다. **무엇을 어떻게 했느냐가 돈을 벌어 주는 것이 아니라, 마음속 보이지 않는 곳에 들어 있는 풍요가 돈을 끌어오는 것이다.** 그리고 풍요는 넓고 큰 그릇이나 높은 격에 있는 것이다. 그렇다고 부자가 반드시 격이 높은 것은 아니다.

이렇게 땅에 나타나기 전의 하늘에는 작용을 일으키는 〈실체〉와 원하는 형태의 〈이미지〉가 아프락사스적으로 함께 있어서, 실체는 원하는 세계를 찾아가고, 이미지는 원하는 형태를 끌어온다. 그리고 이미지는 실체가 원하는 대로 얼마든지 〈의도〉하여 선택할 수가 있다. 여기서 실체란, 가난과 풍요, 격의 귀함과 미천함, 용기와 두려움, 온정과 냉정, 건강과 병, 배려와 욕심, 인내와 화합, 조급함과 여유, 베풂과 봉사, 행복과 불행 등 작용은 있으나 형태가 없는 것을 말한다. Ψ

인생 메커니즘

PSY POWER

마음이 곧 하늘이기 때문에 마음의 작용은 곧 땅 위에 실현된다. 그리고 땅 위의 실현은 곧 여러분의 인생이다. 스크린처럼 나타나는 인생, 그것은 크게 네 가지 방식으로 실현된다.

하나. 정한 대로 된다

왠지 어렸을 때 초등~중학교부터 〈나는 이다음에 크면 부자로 잘살 거야〉라든가 〈건강하게 오래 살 거야〉, 아니면 〈어떤 어려움도 나를 이기지 못해〉〈위급한 상황도 나를 피해 갈 거야〉〈늙지 않고 팽팽한 피부로 살 거야〉〈대통령이 될 거야〉 하며 조금도 의심하는 마음이 들지 않으면 그 사람은 나중에 진짜 그렇게 된다. 알렉산더

대왕은 어렸을 때부터 항상 〈짧고 영웅답게〉 살기를 원했다. 그리고 33살의 젊은 나이에 영웅처럼 살다가 이 세상을 떠났다. 이렇게 우리 인생은 스스로 정한 대로 이루어지는 것이다. 〈정한 대로〉는 곧 실체인 것이다.

그런데 나이가 들어서 정하면 잘 되지 않는다. 그 이유는 그렇게 하려고 하는 믿음이 없기 때문이다. 보이지 않는 마음속에 얼음처럼 굳어 있는 자아가 훼방을 놓는 것이다. 〈정말 될 수 있을까〉〈어림도 없다. 바랄 걸 바래라〉하는 식으로 자아가 방해를 놓기 때문이다. 지금까지 가난하게 살던 사람이 갑자기 〈난, 부자야〉라고 정하면, 그것은 사실이 아니기 때문에 여러분의 무의식 속에 있는 자아가 비웃고 만다. 그리고 이런 방해가 하늘에서 이루어지고 있기 때문에 결국은 그 방해가 이 땅에 작용하여 안 되는 것이다.

부득이 자아의 방해를 받지 않으려면 하고자 하는 확고한 〈결의〉가 있어야 한다. 그리고 이루고자 하는 분명한 그림이 있어야 한다. 그러면 우주는 이미 그것을 실현시키기 위해 준비하고 있는 것이다.

인생을 창조하는 싸이파워

아니면 설명은 간단하나 터득하기 매우 힘든 방법 중 하나는, 자아얼음의 영향을 받지 않고 물우주심에 직접 원하는 그림을 그리는 것이다. 이른바 성현이라고 불리는 사람들이 사용하는 방법이다. 이 사람들은 〈물은 무엇인가〉 하며 물에 도달할 때까지 꾸준히 알고자 하여 드디어 물을 찾은 사람들이다. 물론 물을 찾은 성현은 그들을 알아볼 수 있지만 일반 사람들은 그들을 전혀 알아볼 수가 없다. 그래서 간혹 물을 찾지 못한 사람 중에는 오히려 진짜보다 더 달콤한 이야기로 사람들을 현혹시켜 남을 속이는 경우가 많다. 그러나 물을 터득한 사람은 자신의 능력을 자기 욕심을 위해 함부로 사용하지 않는다. 하지만 절실하게 구원을 요청하면 말없이 도와주기도 한다. 예수의 기적이 여기에 속하며, 진심으로 원했을 때 일어나는 하늘의 도움도 여기에 속한다. 코스모스 센타에서는 마음을 일반적인 얼음과 같은 자아와 순수한 물로 표현하는데, 이때 순수한 물과 같은 마음 상태를 우주심宇宙心이라 한다. 보이지 않는 무의식 속의 자아가 방해하지 않는 것, 그것이 곧 우주심이 일으키는 〈믿음〉인 것이다.

또 하나의 방법은 자아의 방해를 피하는 것이다. 우주는 이미지만 받아들일 뿐, 원하는 개인 사정은 아랑곳하지 않는다. 그래서 〈살기 싫다〉고 하면, 우주는 살게 내버려 둔다. 〈살다〉라는 이미지만 우주가 받아 살게끔 해주는 것이다. 좋고 싫음의 이미지란 우주에는 없다. 우주는 오로지 〈락樂〉의 기쁨만 있다. 그래서 〈죽기 싫다〉고 하면 〈죽다〉만 받아들여 저세상으로 데려가는 것이다. 그리고 우리 두뇌는 사실과 상상을 구별하지 못한다. 〈나는 부자야〉라고 현재형으로 말하면 자아가 〈거짓말이야〉 하고 반기를 든다. 그러나 〈나는 부자로 살 거야〉라고 말하면 현재가 아니기 때문에 자아가 반기를 들지 않는다. 그러면 우주는 〈부자〉만 받아들여 그렇게 되게 해준다.

땅의 세계에서 바라보면 만물은 모두 별개의 것처럼 보이지만, 우주의 입장에서 바라보면 만물은 너와 내가 따로 없는 모두가 하나다. 그래서 내가 다른 사람도 컨트롤할 수 있다. 단, 물의 세계인 우주심을 터득해야만 한다. 우주의 물은 한 종류밖에 없기 때문이다. 그러나 물을 터득한 성현을 만나는 것은 쉽지가 않다. 왜냐하면 성현이 되고자 하는 사람의 대부분은 성현이 아니기 때문이다. 진실한 성현은 성현이라는 타이틀에 뜻을 두지 않는다. 물의 세계가 궁금하고 물을 알고자 노력하여 물을 터득해서 저절로 성현이 된 것이다. 물의 힘은 곧 불교의 금강경에서 말하는 금강이다. 성현은 너와 나를 구분하지 않고 절박한 상황에서 도움이 필요한 때는 남모르게 도와준다. 또 그 성현을 흠모하여 조그마한 마음의 선물이라도 증정하면 성현은 보답으로 그 사람의 어려운 문제를 해결해 주기도 한다. 이른바 보시니 공양이니 하는 것이 그래서 생겼다. 물론 선물이 대가여서는 안 된다. 그러나 가짜들은 마치 절박한 상황을 해결해 줄 것같이 말하면서 그 대가를 요구한다. 그러면 우주는 가짜에게 〈안 되면 어쩔래〉 하면서 가짜의 요구를 거절하는 것이다. 욕심은 금강의 힘이 아니다. 욕심은 자아가 요구하는 것이다. 그리고 자아는 사실이 아니면 거부한다. 그래서 돈이나 대가를 받고 금강의 힘을 사용하는 것은 불가능하다.

둘. 택한 대로 된다

〈사촌이 땅을 사면 배가 아프다〉라는 한국 속담이 있다. 그런 사람은 그 사촌처럼 땅을 갖지 못한다. 자아가 땅을 거부하기 때문이다. 사촌보다 땅에 관심이 있으면 그 땅을 보고 기뻐해야 한다. 〈잘 샀다. 정말 좋은 땅이네〉 하면서 사촌보다 오히려 더 기뻐하면 그 사람은 얼마 후 사촌보다 더 좋은 땅을 갖게 된다. 그것은 마음이 땅을 갖길 원하고 즐거워했기 때문이다. 이렇게 남의 기쁨도 나의 기쁨으로 받아들이면 우주는 스스로 〈락樂〉의 작용을 받아들여 그렇게 해준다.

〈택한 대로〉의 선택은 곧 이미지다. 추상적인 것이 아닌, 그리거나 사진으로 찍을 수 있는 것이어야 한다. 대통령을 선택했으면 청와대에 사는 모습을 그려야 한다. 그리고 이미지는 형태를 〈의도〉적으로 바꾸거나 업up시킬 수도 있다.

사람들의 경제적 만족이나 행복지수가 높지 않고 대

체로 낮은 이유는 무엇일까? 그 답을 알고 나면 여러분은 〈설마〉 하며 믿기지 않을 것이다. 그 답은 바로 〈그들이 원하지 않았기 때문〉이다. 그들은 가난을 싫어할 뿐, 부를 원하지 않았다. 오히려 부자들을 〈부르주아〉라고 비난하는 사람도 있다. 이처럼 그들은 부를 선택하지 않고, 오히려 청렴을 원했는지도 모른다. **부를 선택하고, 행복을 선택하며, 건강을 선택하는 사람은 갈 곳이 택한 곳이기 때문에 그리 갈 수밖에 없다.** 조용히 마음을 비우고 종이 한 장을 꺼내 원하는 것을 적어보라. 막상 쓰려고 하면 쓸 것이 별로 없을 것이다. 그것이 바로 자신의 미래라고 보면 된다. 또, 쓴다고 해도 우주가 못 알아들을 인간적인 심정만 잔뜩 늘어놓는다. 우주는 그런 것을 알아듣지도 못할뿐더러 무시해 버린다.

예를 들어, 〈부자가 되게 해주세요〉라고 쓰면 우주는 세상 모두가 다 자기 자신이기 때문에 〈부자〉가 무엇인지 알지 못한다. 우주 안에는 〈풍요〉만 있을 뿐 가난이 없기 때문이다. 그리고 부富는 작용은 있으나 형태가 없는 실체라 이미지를 그릴 수가 없다. 그러므로 끌어올 수가 없는 것이다.

따라서 원하는 이미지를 적으려면 캐시미온 블랙 코트더 정확하게 상호 등 이미지가 분명하면 할수록 더 빠르게 실현된다라든가, 벤츠 600시리즈의 모델 넘버, 색상, 액세서리 등 선택이 구체적이어야 한다. 구체적일수록 이루어지는 속도가 빨라진다.

어찌 보면 인생의 서글픔 같지만 인생을 고통의 바다라고 노래하는 시인들도 많다. 그러나 고통과 행복은 아프락사스적으로 동전의 양면이라고 생각하면 된다. 고통스러운 연습 없이 된 챔피언이 없으며, 고통 없는 성공도 없다. 단지 여러분이 어느 쪽을 선택하느냐에 따라 행복한 인생이냐, 고통의 인생이냐가 결정될 뿐이다. 행복을 선택한 사람은 행복은 커지고 고통은 별 것 아닌 것이 되지만, 고통을 선택한 사람은 감당하지 못하고 지쳐 쓰러지든지, 아니면 포기해야만 한다. 그러면 삶 자체가 또 고통스럽게 된다. 이렇게 인생은 지금 무엇을 선택하느냐에 따라 미래가 결정되는 것이다.

지금 여러분이 고통스러운 여건 속에 있다면 그것과

싸우려 하지 말라. 그 고통이 부채 따위의 경제적인 것이든, 아니면 병으로 인한 것이든, 인간관계든 싸워서 이기려 하지 말라. 고통 속에서 얼굴을 찡그리며 싸울수록 상태는 점점 더 악화될 뿐이다. 왜냐하면 그것이 마음에 가득할수록 우주는 더 많이 요구하는 줄 알고 점점 더 그것을 크게 만들기 때문이다. 그것은 실체이기 때문에 우주가 작용한다 그렇다고 나 몰라라 하고 외면도 하지 말라. 점점 뒤에 더 가까이 따라붙을 것이다. 다만 선택하라. 풍요를 선택하든지, 건강을 선택하든지 〈의도〉적으로 필요한 것을 선택하라. 그리고 음악이라도 들으면서 선택한 것을 즐겁게 실행하라. 신바람 나게 우주의 락樂에 맞추라. 선택과 의도! 건강을 원하면 건강한 몸으로 하고 싶은 것을 행하는 모습을 끊임없이 그리면서, 그렇게 되도록 끊임없이 의도하라. 그리고 신바람 나게 행하라. 풍요를 원하면 부자처럼 사는 모습을 끊임없이 그리며, 그렇게 되도록 끊임없이 의도하라. 그리고 모두가 바라고 득이 될 수 있는 것을 줄 수 있도록 끊임없이 의도하라. 해결하려 하지 말고 해결이 될 수 있는 것을 선택해 끊임없이 의도하라. 빚이 많은 사람은 빚을 해결할 걱정을 하지 말고, 빚보다 큰 수입을 선택하여 그것이 들어오도록 의도하라. 그러면 어느덧 고통의 문제는 저절로 해결되어 있을 것이다. 우주가 알아서 해결해 준 것이다. 우주가 어떻게 알아서 할까 하고 궁금해하지 말라. 우주가 무엇을 하는지도 궁금해하지 말라. 메커니즘은 아주 간단하다. 여러분이 원하는 그림을 우주는 스크린에 공명 현상 등을 통해 그려낼 뿐이다. 그것도 아주 신나게!

여러분이 고통 속에 있을 때는 원하는 것이, 택하는 순간 즉시 이루어지길 고대할 것이다. 그러나 우주가 공명 현상을 통해 필요한 것을 현실화시키는 데는 시간이 걸린다. 이 또한 우주가 즐거움을 위해 배려하는 것이다. 필요하다고 해서 즉시 이루어진다면 나쁜 것을 자기도 모르게 상상할 경우 어찌 될 것인가? 쓸데없이 〈내가 총이라도 맞는다면〉, 뉴스를 보고 〈내 차가 저렇게 낭떠러지에서 굴러 떨어진다면〉 하는 순간 현실화가 된다면 얼마나 황당하겠는가? 그래서 우주는 매 순간 확인을 시켜주기 위해 포기하지 말고 끊임없이 의도하길 요구하는 것이다. 원하는 것을 우주가 알아들을 수 있게 공명 현상 사진 찍을 수 있는 그림으로 택하라. 예를 들어, 실로폰을 원하면 갖고 싶은 실로폰을 머릿속에 상상하라. 그리하면 우주는 공명 현상을 통해 실로폰에 해당되는 파장을 선택할 것이다. 이때 원하는 실로폰을 간절하게 의도하라. 고급스럽고 값진 것을 갖길 의도하든지, 아니면 싸고 보편적인 것을 갖길 의도하라. 그리하면 선택한 대로 그리 될 것이다.

셋. 욕한 대로 된다

〈정한 대로〉와 〈택한 대로〉는 나름대로 수련이 필요하다. 왜냐하면 자아가 방해를 하기 때문이다. 대체로 자아는 있는 사실을 믿는다. 그래서 쉽게 되는 것이 아니다. 그러나 수련이 전혀 필요 없이 누구나 흔하게 사용하는 보편적인 기적이 있다. 여러분이 원하지 않았는데 〈왜 내 인생은 이럴까〉 하며 원망스러운 부분이 어찌면 이 때문일 수도 있다. 그것은 바로 여러분의 인생에 폭넓게 차지하며 부담 없이 막강한 위력을 발휘하는 욕설이 그 주인공이다. 대뇌 학자들의 연구에 의하면, 뇌세포의 98%는 말의 영향을 받는다고 한다. 아무 거리낌 없이 해대는 욕설은 이렇게 뇌세포를 움직여 우주에 그 파장을 내보내 그와 같은 일들을 불러들이는 것이다.

독일의 철학자 니체는 〈진정한 사랑은 자신과 다른 방식으로 사는 사람을 이해하고 기뻐하는 것이다〉라고 말했다. 자신과 닮은 사람을 사랑하는 것이 아니라 자신과 대립하여 살고 있는 사람에게 기쁨의 다리를 건네는 것이 사랑이라는 것이다. 차이를 부정하는 것이 아니라 차이를 사랑하는 것이 진정한 사랑이라는 뜻이다. 또 체코의 시인 릴케는 〈가장 가까운 사람들 사이에도 무수한 차이가 있다는 사실을 깨닫는다면 훨씬 더 황홀한 삶이 전개될 것이다. 상호간의 차이와 거리를 사랑할 수 있다면 상대방의 전부를 바라볼 수 있을 것이다〉라고 말했다.

그러나 우리는 흔히 자기와 다른 식으로 사는 상대편

을 문제 삼아 욕을 하게 된다. 그러면 그 욕은 자기도 모르게 구체화되고 영상화되어서 마음속 깊은 곳에 각인된다. 일부러 택하고 의도하는 데는 각고의 노력이 필요하지만, 열을 내며 심하게 욕설을 퍼붓는 데는 아무런 노력도 필요 없고 또 알 수 없는 쾌감까지 있어서 욕설을 퍼부을수록 우주의 락樂의 파장과 같아져서 우주는 잊지 않고 꼭 그렇게 실현시킨다. 자식 중에 〈저런 놈이 어떻게 내 자식으로 태어났나〉〈우리 엄마가 왜 저렇게 되었나〉 하는 문제들을 곰곰이 생각해 보면 남을 욕하고, 남이 잘못 되었을 때 〈깨소금이다〉 하고 기뻐한 것이 얼마나 큰 업보인지 뼈저리게 후회될 것이다.

특히 이 〈욕한 대로〉는 나 자신뿐 아니라 나와의 연결고리가까운 사이에까지 영향을 준다. 쉽게 말하면, 다른 사람의 결점을 죽어라 욕하면 훗날 자식도 역시 그와 같은 결점을 갖고 태어나든지 아니면 그런 결점이 나타나게 된다. 또, 다른 사람의 불행을 너무나 기뻐하면 훗날 가장 사랑하는 자기 식구가 그와 같은 불행을 당하게 된다. 이것이 〈욕한 대로 된다〉의 연결고리이다.

이 사실을 분명히 알면 알수록 남을 욕하는 것이 얼마나 무서운 것인지 새삼 놀라게 될 것이다. 그래서 니체와 릴케는 〈남의 자아도 사랑하라〉고 말했던 것이다. 욕은 자아가 직접 하는 것이며, 자아의 걸림이 없는 순수한 믿음이다. 믿고 그린 그림! 그것이 바로 욕이다. 다시 한 번 설명하면 여러분이 평소에 미워하던 사람이 차에 치어 다리가 부러졌다면, 그래서 진심으로 기뻤다면, 그리고 그 사실을 친구들에게 신나게 떠벌렸다면, 여러분 자신이 그렇게 될 수도 있지만 그 기쁨이 크면 클수록 여러분이 가장 아끼고 사랑하는 식구가 그렇게 될 수도 있다. 코스모스 센타는 이와 같은 현상을 〈자기공명自己共鳴〉 현상이라고 하며, 자기가 한 욕이 강한 이미지가 되어 자기 현실을 만드는 것이다. 이렇게 우주는 〈바라본 기쁨〉을 재연하는 것이다.

그렇다고 지금까지 욕을 했거나 남을 괴롭힌 사건을 참회할 필요는 없다. 참회를 하기 위해 그 사건을 또 다시 생각하면 우리 두뇌는 또 그런 일을 하고 있다고 생각하기 때문이다. 뒤에 싸이파워 사용법에서 자세히 설명하겠지만, 결론적으로 말하면 두 번 다시 그런 일을 머릿속에 담아 둘 필요가 없다. 깨끗이 잊어버리고 다시는 그런 생각과 행동을 하지 않으면 된다. 우주에 죄란 없다.

넷. 믿는 대로 된다

하늘의 폐단처럼 보일 수도 있지만 우리 마음의 세계가 얼마나 고귀한 것인지 뼈저리게 느끼게 해주는 것이 바로 이 〈믿는 대로 된다〉이다. 현실 세계의 진위와는 상관없이 세상일이 벌어지는 것은 바로 이 믿음 때문이다. 예를 들면, 어떤 사람은 귀신을 보았다고 하고, 또 어떤 사람은 귀신이 없다고 말한다. 그런데 과학적으로 조사해 본 결과, 귀신은 그 존재를 믿는 사람한테는 나타나고, 존재를 부정하는 사람한테는 나타나지 않았다고 한다. 또 양자 물리학의 연구 결과, 좋고 나쁨을 가리기 위한 모든 실험은 그 사실 여부를 떠나서 실험자의 의도에 따라 결과가 나온다고 밝혀졌다. 커피가 몸에 좋은지 나쁜지를 알아보기 위해 실험을 할 때 실험자가 몸에 좋다고 생각하면 좋은 결과가 나오고, 나쁘다고 생각하면 나쁜 결과가 나온다. 또, 몸의 병도 자신이 낫는다고 믿으면 어느새 없어지지만, 심한 병이라고 걱정하면 걱정할수록 병은 점점 더 악화된다. 그래서 사람들은 자꾸 〈잘 될 거야〉 하면서 걱정을 덜어버리라고 말한다. 또 성경은 〈네 믿음이 너를 구했다〉고 하면서 무수히 믿음을 강조한다. 믿음이 곧 마법인 것이다. 그리고 이렇게 믿음이 작용하는 우리의 마음이 곧 하늘인 것이다.

믿음이란 자아가 그렇다고 인정하는 것이다. 그러면 생명 에너지가 거침없이 흘러나가 믿는 이미지를 창조한다. 또, 자아가 무관심하게 참견을 안 할 때도 있다. 이른바 〈말이 씨가 된다〉고 하는 경우다. 사실 여부와 관계없이 무심코 던진 한마디가 실제로 그렇게 되는 것이다. 이때는 자아가 무관심한 상태에서 순수 에너지인 물우주심에다 직접 그림을 그린 것이다. 자아의 무관심한 상태는 곧 마음의 진공 상태를 말한다. 이와 같이 현실로 이루어지기 위한 하늘의 세계가 곧 우리의 마음인 것이다.

마음을 이용하여 현실을 지배하는 사람들도 있다. 티베트의 수행자들 중에는 툼모Tummo라고 하는 극기 훈련을 수련하는 사람들이 있다. 해발 3,400미터에서 5,500미터 사이의 높은 산에 올라가 아무것도 입지 않고 젖은 물수건을 몸에 대고 물기를 말리는 수련이다. 툼모란 〈내면의 열기〉란 뜻으로, 마음속에서 상상으로 몸 안에 태양이 들어 있다고 〈믿고〉 그 태양의 열기로 몸을 덥혀 추위를 몰아내는 방법이다. 이렇게 하면 백두산보다 높은 산 위에서도 추위를 이겨낼 수 있다고 한다.

〈정한 대로 된다〉가 의도적이라면 〈믿는 대로 된다〉는 수동적이라고 할 수 있다. 〈돈 걱정 없이 살 거야〉가 〈믿는 대로〉라면 〈돈이 내 인생을 괴롭히는 일은 용서할 수 없다〉는 〈정한 대로〉이다. 그러나 그 결과는 현실적으로 똑같다. Ψ

자신의 결점을 바꾸는 〈갈아타기〉

천성검사 등을 보면 자기 의지와는 상관없이 자기가 원하지 않은 자신만의 결점이 있다. 그것이 결점이라는 사실을 모르면 어쩔 수 없지만, 결점인 줄 알면 누구나 벗어나거나 바꾸고 싶을 것이다. 그러나 대부분 그 방법을 몰라 자신의 결점을 속으로 끙끙거리며 걱정하게 된다. 하지만 그렇게 하면 오히려 현실에서는 그 결점이 더욱 크게 작용하여 더 나쁜 결과를 계속 만들어낸다. 세상은 아프락사스적으로 나타난다. 주어진 환경을 고맙게 생각하고 더 좋은 환경을 기쁘게 받아들이면 점점 더 좋은 환경의 세계로 발전하지만, 좋지 않은 환경을 불만스럽게 생각하고 투덜거리면 점점 더 나쁜 상황을 맞게 된다. 장사하는 사람이 찾아오는 손님을 고맙게 생각하고 친절하게 대하면 점점 더 많은 손님이 찾아오지만, 몸이 고달프고 피곤하다고 하여 찾아온 손님에게 짜증을 내면 어느새 그 집은 썰렁한 곳이 된다. 현실과 마

음은 아프락사스이기 때문에 마음이 차면 현실은 기운다. 이것을 옛날 사람들은 〈달도 차면 기운다〉라고 말했다. 처음 장사를 시작할 때는 허름한 곳이라도 온 정성을 다해 손님을 친절하게 대하다가, 장사가 잘 되면 차츰 정성이 게을러지고, 게다가 손님 위주에서 자기 위주로 가게도 바뀌고, 인테리어도 자기 취향에 맞게 좋게 꾸미면 어딘지 모르게 가게가 아닌 개인 집 같아 손님이 함부로 가까이할 수 없게 된다. 그러면 결국 그 집은 망한다.

수많은 사람들이 죄를 짓고도 살아 있을 수 있는 것은 우주에 죄가 없기 때문이다. 또, 망하고도 다시 일어설 수 있는 것은 우주가 풍요롭기 때문이다. 물론 지은 죄가 우주의 축인 6대 원칙에 어긋나면 우주는 냉철하게 그들을 심판하지만, 그렇다고 지은 죄를 자책하면 죄의식만 점점 더 커져 아무것도 할 수 없게 된다. 이렇게 지은 죄가 되었든 자신의 결점이 되었든 그것으로부터 벗어나는 길은, 뻗어 나가는 양 에너지를 통해 지금 원하는 방향으로 〈갈아타고 가는 것〉이다. 소심하고 겁이 많은 사람이 무턱대고 대범하게 하다 보면 틀림없이 실수를 하게 되므로, 자신이 소심할 때 마음을 크게 먹고 멈추려던 행동을 멈추지 말고, 지금부터 다시 시작한다는 심정으로 앞을 살펴 계속 추진하는 것이다. 또, 사람들과 함께 있길 싫어하는 사람은 의도적으로라도, 떠나고 싶은 마음이 들 때마다 자기를 버리고 함께 있길 〈의도〉하는 것이다.

결점은 그럴 수 있는 틀을 가졌기 때문에 그런 결점이 나오는 것이지만, 그렇다고 자기한테 없는 틀로 바꿀 수는 없는 것이다. 틀을 바꿀 수 있는 방법은 단 하나, 원하는 이상을 가슴에 품고 꾸준히 그렇게 흉내를 내는 것이다. 그러다 보면 기존의 틀은 존재의 원칙에 의해 새로운 존재로 바뀌게 된다. 마치 젊은 사람들이 훌륭한 사람을 자신의 멘토mentor로 삼고 꾸준히 그 사람을 따라 하다 보면 어느새 그 사람과 똑같이 변하는 것처럼. 양 에너지가 원하는 세계로 꾸준히 실천을 하면 음 에너지는 새로운 틀로 모양을 바꾸는 것이다. Ψ

(((코스모스 센타 용어)))

| **천성검사** | 태어날 때 천체로부터 받은 자慈 에너지의 영향력을 알아보기 위한 검사. 천성검사에 의하면, 본인이 리더의 기질이 있는지, 창업을 해서 성공할 수 있는지, 착실하게 순서를 밟아 위의 자리에 올라가야 하는지, 남을 가르칠 소질이 있는지, 연예인 등 인기인의 자질은 있는지, 사람을 해치거나 하는 뒤끝은 없는지 따위와, 세상과 잘 융합하는 타입인지, 망상이 많은지, 쉽게 싫증을 내는지, 세상을 어떻게 보고 어떤 식으로 처리하는지, 무엇이 부족한지, 주어진 환경은 어떻게 받아들이는지, 자신의 파워는 얼마나 강하며 어떻게 작용하는지 등을 알 수 있다. 먼저 이와 같은 자신을 분명하게 알아야 불필요한 욕심을 부리지 않고 자신의 인생을 확실하게 설정하여, 자기 현실에 필요한 상황을 싸이파워를 통해 충족시킬 수 있다.

| **파동적 실체實體** | 파동의 세계에 존재하며 현실 세계에 작용을 일으키는 것. 불의를 보고 싸우기 위해서는 〈용기〉가 필요하듯, 남의 어려움을 보고 돕기 위한 〈배려〉나 〈친절〉, 그리고 쓰러지지 않고 끝까지 해내는 〈의지〉 같은 것이 모두 파동적 실체이다.

| **의도** | 이 의도는 의미로서의 의도를 말하는 것이 아니라, 자아의 영향을 받지 않고 원하는 것을 마음속에 꾸준히 간직한 채 이루어내기 위한 강한 의지를 말한다. 이때 의도하고 있는 상태를 뇌파 측정기로 측정해보면, 뇌는 의도한 것이 이루어질 때까지 꾸준히 활동하며 의도의 파장을 계속 내보내고 있다는 것을 알 수 있다. 이렇

게 〈의도〉는 원하는 것이 현실로 이루어질 때까지 꾸준히 활동하면서 우주로부터 원하는 것을 끌어오는 작용을 한다.

| **연결고리** | 나를 중심으로 하여 나와 가장 가까운 사람과 연결된 관계. 남을 괴롭게 해서 상대가 괴로워하는 것을 보고 기뻐하면 그 괴로움이 자기공명에 의해 자신에게도 되돌아온다. 이때 자신의 소중한 사람이 해를 입을 수 있는데, 이처럼 본인과 소중한 사람이 묶여 있는 관계를 연결고리라 한다.

| **자기공명**自己共鳴 | 자기 의도와 상관없이 자기가 그린 이미지가 자기에게 되돌아오는 현상. 남을 욕하거나 흉볼 때 혹은 증오할 때 일으킨 이미지가 상대편에게도 영향을 끼치지만 자기 자신한테도 영향을 미치는 현상. 때문에 자신의 인생에 좋은 일이 오게 하기 위해서는 남을 칭찬하고 좋은 점을 말하는 습성을 길러야 한다.

| **갈아타기** | 자신의 결점과 같은 정해진 틀을 바꾸기 위한 방법. 이미 정해져 있는 틀은 바꿀 수 없다. 그러나 흐를 수 있는 양 에너지가 다른 형태로 옮겨가면 음 에너지는 그 옮겨간 형태로 변신한다. 이렇게 바꾸고자 하는 모델을 설정하여 그리로 옮겨가 자신의 틀을 바꾸는 방법.

우주를 움직이는 신성에너지
PSY POWER

신성에너지 - 싸이파워

PSY POWER

인도 사람들은 얼음과 같은 자아가 우리의 주체가 아니라, 물과 같은 순수 에너지가 우리의 참된 자기라고 하여, 이것을 아트만Atman진아이라 한다. 또 만물의 순수한 에너지는 브라만Brahman이라고 한다. 그리고 아트만과 브라만은 같은 것이라고 한다. 코스모스 센타에서는, 아트만과 브라만 모두를 뜻하며 우주를 움직일 수 있는 우리의 정신 에너지를 신성에너지 혹은 우주심宇宙心이라고 하며, 영어로는 싸이파워Psy Power라고 부른다.

만약 지금 여러분이 원하는 세계를 만들고자 하면 만들 수 있는 길보다는 그리 될 수 없는 이유가 먼저 떠오를 것이다. 그것은 지금까지 여러분이 경험하고 여러분을 지배해온 입자의 세계자아가 방해를 일으켜 그리 될 수 없는 것처럼 인식되기 때문이다. 흙 속에 깊이 박혀 있는 씨앗이 쌓여 있는 흙과 돌을 뚫고 흙 밖으로 나온다는 것은 씨앗의 생각으로는 절대 불가능하다. 여러분이 지금 될 수 없다고 생각되는 이유가 바로 그와 같은 것이다. 그러나 씨앗은 흙 밖으로 나가야겠다는 에너지를 내뿜으며 우주에 자신을 맡겨 놓는다. 그러면 우주는 어떻게 했는지 알 수 없으나 어쨌든 새싹을 흙 밖으로 내보내 꽃을 피운다. 이렇게 가고자 하는 자기의 기운을 우주에 맡긴 채 원하는 세계를 창조해내는 것, 그것이 바로 싸이파워다.

결국 싸이파워는 우주의 작용으로서 하늘 세계에 어떤 조건만 갖추어지면 우주가 스스로 움직여 보이는 현실 세계를 변화시키는 힘이다. 지금 우리 눈에 보이는 세상은 이렇게 우주가 움직여 창조해낸 세상이다. 그러나 지금부터 말하는 싸이파워는 이 우주의 힘을 우리의 마음속에서 우리의 생각을 통해 우주를 움직여 우주가 현실 세계에 우리 마음이 원하는 것을 실현하도록 하는 방법이다. 이 방법을 우리가 쓰면 우리가 우주를 움직이는 것이고, 이 방법을 우리가 모르면 우주가 하늘 세계의 조건에 맞춰 우리의 현실 세계를 창조해내는 것이다.

우리의 마음이 결국 보이지 않는 우주의 하늘 세계와 같은 하늘 세계이므로 사람에 의한 우주의 작용도 결국 같은 싸이파워인 것이다. 흙 밑의 씨앗의 마음이나 땅 위에 새싹을 돋게 한 우주나 결과적으로는 나눌 수 없는 하나인 것처럼.

이제부터 여러분은 이 싸이파워를 통해 원하는 인생을 스스로 창조할 수 있다. 그런데 의도적으로 싸이파워를 사용하기 위해서는 먼저 준비해야 할 몇 가지 마음가짐이 있다. 이 준비 과정에 따라서 싸이파워의 효과는 없기도 하고 엄청나기도 하지만 계속 반복하여 실행하다 보면 그 실체를 터득하게 될 것이다.

Ψ **정하기** 가장 중요한 것은 싸이파워에 대한 믿음이다. 마음으로부터 〈내가 원하는 것은 싸이파워를 통해 반드시 이루어진다〉고 정한다.

Ψ **감사상태** 나의 요구를 우주가 들어 준다고 믿고, 우주에 대한 〈감사상태〉에서 실행한다. 또, 이 방법을

알려주고 있는 코스모스 센타에 대해서도 항상 감사함을 갖는다.

🔱 **다한점** 〈안 되면 어쩌나〉 하는 따위의 부정적인 작용을 막아 주며, 정신의 집중력을 높여주는 손바닥 안의 다한점을 자극하여 싸이파워의 효력을 증진시킨다.

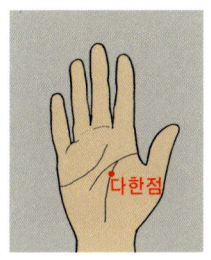

🔱 **호흡법** 정신을 극적으로 집중시키기 위하여 코로 숨을 마셔 단전에 모은 뒤, 숨을 정지하거나 아니면 아주 가늘고, 고르고, 길게 코로 내뱉으면서 싸이파워를 실행한다. 부족하면 계속 반복한다.

🔱 **신성목神性目** 눈을 살며시 감은 상태에서 아즈나 차크라눈썹 사이 앞 10cm쯤에 두 손 중 한 손을 놓고 손가락을 살짝 벌린 상태에서 흔들면 손놀림이 느껴진다. 이렇게 느끼는 눈을 신성목이라 한다. 몸과 마음의 긴장을 해소할 때나, 잡념을 없애고 자아의 작용을 따돌리며 깊

은 진공 상태에 몰입할 때 사용한다. 손놀림이 느껴지는 바탕이 곧 우주심이며 이곳에 마음을 집중한다.

  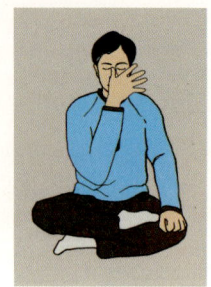

🔱 **만트라** 모든 부정적 상념으로부터 벗어나고 우주 의식을 고취시키기 위해 마음속으로 하는 말. 〈나로부터 나에게로 가는 나에 의한 나의 힘이여!〉 처음의 나는 자신을 말하고, 두 번째 나는 원하는 대상, 세 번째 나는 우주, 그리고 네 번째 나는 신성에너지, 즉 싸이파워다. 여기서 원하는 소원을 현실 세계에 실현시켜 주는 주체는 〈나에 의한〉의 우주이다. 그리고 이 우주의 작용을 통해 현실 세계에 원하는 것을 실현시키는 것이 진정한 싸이파워다.

ψ 최고의 격 나 자신은 무한한 우주 속의 먼지와 같은 미물微物이 아니다. 내가 곧 우주며, 무한한 우주가 내 몸에 붙어 있는 것이다. 즉 내가 곧 우주를 이끌고 있는 지존至尊이며 우주의 머리로서 원하는 것을 우주에게 지시하면 우주는 내 뜻대로 움직인다. 그러므로 낮은 곳에서 높은 곳에 부탁하는 것이 아니라, 높은 곳에서 낮은 곳으로 지시하는 듯한 마음가짐으로 임해야 한다.

ψ 주의 사항

1. 싸이파워는 마음을 통해 원하는 것을 현실 세계에 실현시키지만, 그 시작점은 마음이 아니라 현실이어야 한다. 현실에 필요한 것을 우주를 통해 실현시킨다.

2. 마음이 움직이면 천기天氣도 따라 움직인다. 마음이 꼭 이루고자 계획하고 진행하면 그 계획이 이루어질 수 있도록 일기日氣도 따라 움직이는 것이다. 자

세히 살펴보고자 여행을 하면 그날 날씨는 매우 쾌청하다.

3. 원하는 소망은 반드시 사진으로 찍을 수 있는 것이라야 한다. 무턱대고 잘살게 해달라고 하면 안 되고, 원하는 집이나 승용차 등 사진으로 찍을 수 있는 것을 원해야 한다. 사진의 의미는 추상적이거나 심정적인 것이 아닌 현실적이라는 뜻이다.

4. 살며시 눈을 감고 신성목을 통해 눈앞의 손놀림을 주시한다. 아무 생각 없이 손놀림만 보이면 살며시 손을 내리고 손이 움직이던 바탕에 집중한다. 그리고 원하는 것을 이 바탕에 그린다. 그것은 동영상이 되었든 사진이나 그림이 되었든 상관없다.

5. 이 때 잡념이나 부정적인 생각이 떠오르면 〈손 털기〉로 털어 버린다.

6. 반드시 원하는 소원이 이루어졌을 때를 미리 준비

하고 실행해야 한다. **원하는 것을 갖기 위해서는 지금 당장 원하는 것이 이루어졌을 때 그것을 수용할 준비가 되어 있어야 한다.** 차를 원했으면 차고가 준비되어 있어야 하고, 직원을 원했으면 업무 볼 장소가 미리 준비되어 있어야 한다. 〈시작에서 끝으로〉가 아니라 〈끝에서 시작으로〉 시작한다. 또, 자신의 것을 팔거나 할 때는 가격과 조건 등이 구체적으로 확실하게 결정되어 있어야 한다. 그리고 살 사람을 원해야 한다. 지금 당장 살 사람이 나타난다면 어떤 조건으로 팔 것인가가 결정되어져 있어야 하는 것이다. 욕심만으로, 많이 받고 적게 주어야지 하는 심정은 안 된다. 그리고 원하는 돈을 손에 쥔 상태나 파는 계약서를 작성하는 등 최종 결과를 동영상 보듯 그린다. 감사상태에서.

7. 〈야호〉 할 것 같은 기분이 들면 아직 이루어지지 않는다.

8. 곧 될 것같이 들뜬 기분이면 그리로 가고 있는 중이다.

9. 〈~은 안 되는데〉 하고 염려하지 말라. 그러면 반드시 염려한 대로 된다.

10. 현실로 이루어지기 전에 약속 등을 믿고 다 되었다고 기뻐하면 문제가 생긴다. 마음의 기쁨이 아프락사스에 의해 현실의 기쁨을 밀어내기 때문이다. 현실로 이루어질 때까지 마음을 진공 상태로 두고 차분히 기다려라. 진공 상태가 끌어온다.

11. 현실로 이루어지기 전에 〈다 되었다〉고 떠벌리면 끌어오는 힘이 빠져 이루어지지 않는다. 아무에게도 말하지 말라. 천기누설이다.

12. 초조한 마음이나 조바심을 내며 결과를 기다리면 결과가 늦어진다. 이럴 때는 신성목을 통해 바탕화면에 자신이 미소 짓는 모습을 그리며 편안한 상태에서 〈우주가 알아서 해준다〉고 믿고 잊어 버려라. 곧 될 것이다.

13. **기쁨도 고심도 사라졌을 때**진공 **현실에 이루어진다.** 이때 마음은 그저 덤덤할 뿐이다.

14. 마음과 현실은 아프락사스적으로 작용한다. **마음 속의 기대나 욕구, 욕설, 염려, 강박관념, 궁리, 의도, 회피 등은 현실에 끌어오는 작용을 하고, 마음 속의 만족, 기쁨, 도취, 자만, 교만, 투정, 소홀, 무관심 등은 그 현실을 밀어내는 작용을 한다.** 여기서 기대는 일이 성사되기 위한 기대를 말한다. 객관적인 가망성과 상관없이 원하는 기대를 말하는 것이다. 예를 들면, 소개팅을 원할 때 성사되었으면 하는 기대가 있으면 그 기대가 현실에 끌어와 소개팅이 성사되는 것이다. 그렇다고 상대가 자신이 원하는 이상형일 것이라고 스스로 만족하며 기뻐하면 그 기대치는 현실의 기쁨을 밀어내 버린다. 기대는 끌어오고 기대치는 밀어내 버리는 것이다.

15. 감사상태에 있을 때 우주로부터 받아들여진다는 사실을 명심하고 항상 감사상태에서 임하라. Ψ

보디 파워 Body Power

나쁜 상념을 털어내거나 좋은 이미지를 끌어올 때, 그리고 나쁜 상황을 쫓아 버리거나 좋은 상황을 불러들일 때 손동작을 통해서 편리하고 가볍게 마음을 제어하는 핸디 파워 handy power.

ⓟ **손 털기** 싸이파워를 실행하는 중에 부정적인 이미지나 나쁜 생각이 들면 빨리 손을 털어 그 이미지나 생각을 지워버린다. 평상시에도 나쁜 생각이 들면 〈손 털기〉를 통해 얼른 지워버린다. 과거에 지은 죄나 나쁜 기억이 떠오를 때

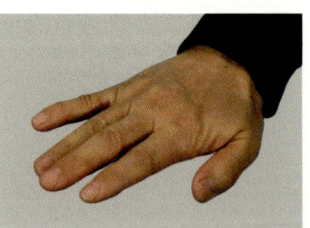

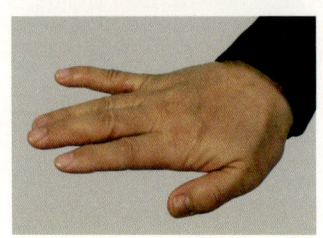

도 얼른 이 〈손 털기〉를 통해 지워버린다. 그리하여 나쁜 상념이 일어나지 않도록 한다. 손 털기는 오른손이나 왼손 중 편리한 대로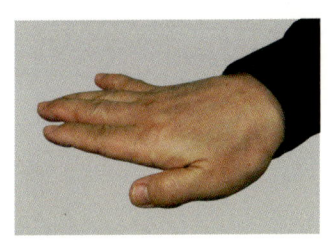
한 손을, 몸 안쪽에서 밖으로 툭툭 털듯이 털어 버리면 된다.

🔱 **손 말기** 좋은 상념이나 좋은 생각이 떠오를 때 얼른 자신의 마음속에 저장해 놓기 위해 끌어들이는 행동이다. 두 손 중 한 손을 선택해 새끼손가락부터 나머지 손가락 모두를 차례대로 재빠르게 말아 쥔다. 그리고 엄지를 검지 위에 올려놓는다. 재빠르게 하는 이유는 잡념이 끼어들어

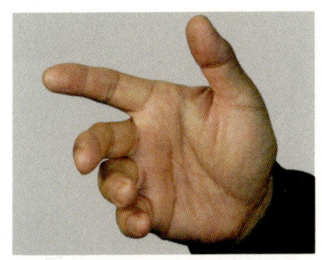 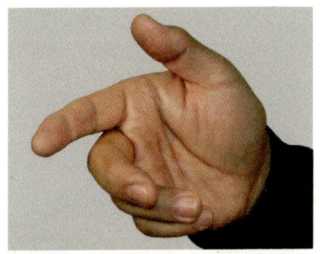

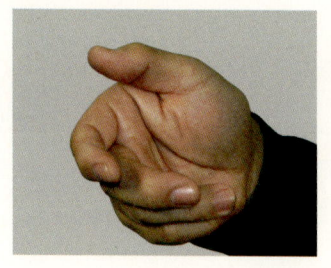 

오지 못하게 원하는 이미지만 마음속에 담기 위해서다.

✋ **손 뒤집기** 현재 편안하고 행복한 상태에서 갑자기 불안한 기분이나 예감이 들면 〈손 뒤집어 밀기〉를 통해 쫓아 버린다. 〈손 뒤집어 밀기〉는 손등이 보이는 상태에

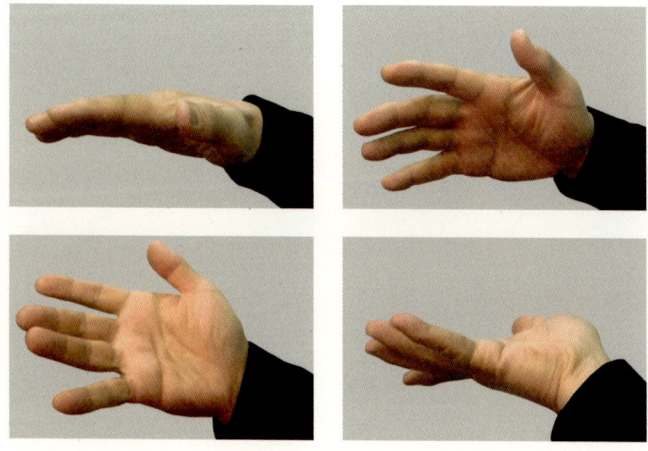

서 손목을 비틀듯이 안에서 밖으로 손바닥이 보이게 엄지를 내리고 새끼손가락을 올려 나쁜 기운을 몰아내는 것이다. 계속해서 편안하고 행복한 상태가 될 때까지 몇 번이고 반복한다. 이것은 현재 편안한 상태가 나쁜 상황이 되지 않도록 계속 유지하기 위한 방법이다. 반대로 좋은 상황을 불러들일 때는 〈손 뒤집어 끌기〉를 통해 끌어들인다. 〈손 뒤집어 끌기〉는 손바닥이 보이는 상태에서 밖에서 안으로 손목을 움직여 손등이 보이도록 엄지손가락 쪽을 안으로 끌어당기는 것이다. 〈손 뒤집기〉는

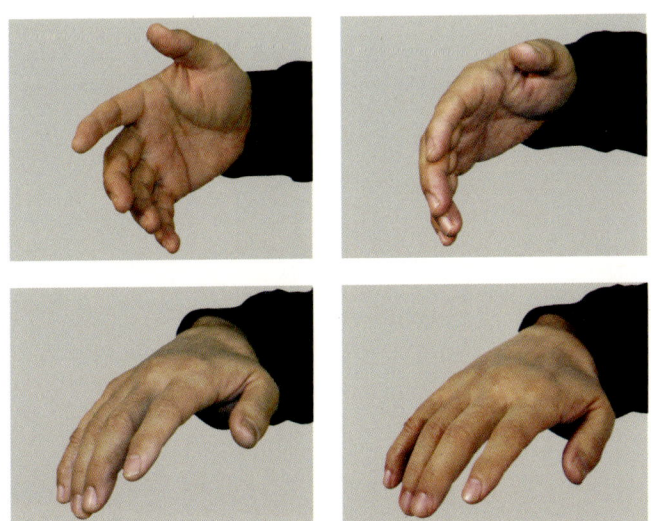

상상 속에서뿐만 아니라 현실에서도 화재 등 위급한 상황이 벌어졌을 때 불이 가까이 접근하지 못하도록 밀어낼 때도 사용한다. 좋은 일이 벌어졌을 때는 더 많이 끌어들이기 위해 사용한다. 반드시 진공 상태에서 행하라. Ψ

실행 본편

실행 본편은 차후에 어떤 종류의 싸이파워가 되었든, 기본적으로 우주에 원하는 것을 전하는 방법이다. 각 파트마다 갖추어야 할 마음가짐과 실행 후 해야 할 과제가 조금씩 다른데, 그때마다 그 설명을 따르도록 한다.

1. 왼쪽다리는 무릎을 꿇고 발바닥이 위로 향하도록 한 뒤 깔고 앉는다. 오른쪽다리는 무릎이 위를 향하도록 세우고 앉는다.

2. 오른팔로 무릎이 잘 서 있도록 끌어안은 뒤, 순간적으로 코로 숨을 마셔 단전에 모으고 숨을 끊는다. 부득이 숨을 쉬어야 할 경우에는 코로 가늘고 고르고 길게 뱉는다. 호흡이 부족하면 반복해서 또 다시 마신다.

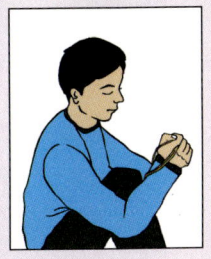

3. 마음을 편안하게 하고 몸의 긴장을 풀기 위해서는 신성목 상태에서 바탕화면에 자신이 미소 짓는 모습을 그리며 그 미소 속에 빠져 들어간다.

4. 우주에게 감사한 마음을 갖고, 우주가 있음을 고맙게 생각하며, 또 본인이 그 우주의 일부임을 기쁘게 생각한다. 그리고 우주와 소통할 수 있게 길을 열어준 코스모스 센타에 감사하며 우주와 하나라는 느낌을 갖는다. 자신이 곧 우주의 중심이 되어 나로부터 우주에 퍼져나간다고 상상한다.

5. 숨을 멈춘 상태거나 아니면 가늘고 길고 고르게 코로 숨을 내쉬면서, 싸이 마크나 아니면 정육면체를 오른손 다한점에 대고 주먹을 꼭 쥔다.

6. 이때 엄지손가락은 검지 위에 놓고 곧추세워서 눈썹 사이의

아즈나 차크라에 댄다.

7. 눈을 살며시 감고 신성목을 통해 원하는 그림을 선명하고 명확하게 그리면서, 〈언제까지 이루어지도록 하라〉고 우주에 지시한다.

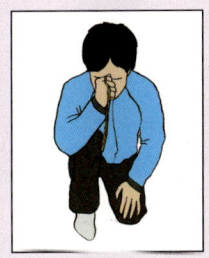 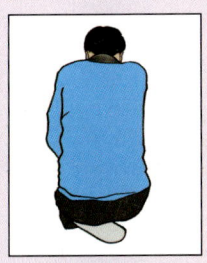

8. 우주에 지시하고 난 뒤 만트라를 세 번 한다. 만트라를 할 때는 나와 원하는 대상이 가깝게 느껴진 상태에서 우주에 의해 최종 결과가 이루어진 상태를 동영상으로 그리며, 나와 대상 그리고 우주를 분명하게 인식한다.

9. 만약 이때 부정적인 생각이나 나쁜 이미지가 떠오르면 〈손 털기〉를 통해 털어 버린다.

10. 또, 꼭 필요한 이미지나 좋은 생각이 떠오르면 〈손 말기〉를 통해 끌어들인다.

11. 그리고 나쁜 상황을 쫓아낼 때는 〈손 뒤집어 밀기〉를 통해 없애 버린다.

12. 실시하고 난 뒤, 신성목 바탕에 〈너의 소원은 이루어졌다〉는 밝은 기분의 응답이 오면 〈우주에 감사하고, 자신이 우주의 일부임을 기쁘게 생각하며, 코스모스 센타가 있어 행복합니다〉 하는 든든한 마음으로 〈이루어졌다고 믿고, 원했던 소원이 현실이 되도록 강력하게 기대한다〉. 이때 강력한 기대는 원하는 소원을 조속히 현실화시킨다.

13. 질병을 낫게 하고자 할 때는 우주 에너지가 흠뻑 묻은 우주의 손길을 상상하며, 우주의 손길이 병든 몸을 깨끗이 닦아내 건강한 모습이 되었음을 머릿속에 그리고 홀가분하게 자리에서 일어나 건강하게 활동하는 모습을 그린다.

Ψ 실행 후의 주의점

Ψ 마음가짐 싸이파워의 전문가가 될 마음을 가져라. 그리하면 습득도 빠르고 특별한 재능이 발휘되어 평생의 재산이 될 것이다.

Ψ 우주를 움직여라 깊고 세심한 생각은 선명하고 강한 이미지를 형성한다. 그러면 만물을 구성하는 미립자들이 이 깊고 선명한 이미지를 읽고 변화를 일으킨다. 반면 얕은 생각은 티끌밖에 움직이지 못한다.

Ψ 결과 원하는 결과의 이미지를 짧고 분명하게 떠올리고, 가슴속에 가까이 느껴라. 그리고 그 결과를 초조해하거나 조급하게 기다리지 말라. 미립자들의 감지능력은 불가사의하게도 전혀 거리에 영향을 받지 않는다. 때문에 이미 우주 전체에 전달이 되어 있다. 〈된다! 하는 믿음〉으로 의도만 던져놓은 채 고요히 기다리면 원하는 소원이 어느덧 현실에 나타난다.

🔱 **점검** 결코 시험 삼아 하지 말라. 현실에 시험은 없다. 또, 원하는 소원이 현실에 이루어졌다 해서 교만한 마음을 갖지 말라. 이루어진 것은 내가 한 것이 아니라, 〈나에 의한〉 즉 우주에 의해 이루어진 것이다. 진정한 전문가가 되기 위해서는 작용하는 우주를 느끼며 우주와 교신할 수 있어야 한다. 우주로부터 기쁨과 즐거움의 응답을 느꼈다면 우주가 받아들인 것이다. 그리고 평소에 기쁜 마음이 들면 소원이 이루어지고 있다는 증거다. Ψ

비즈니스 싸이파워

PSY POWER

비즈니스 싸이파워는 풍요롭게 살기 위해서 원하는 물건이나 상황, 사람 등을 불러들이는 방법이다. 또 가진 것을 팔 수도 있다. 쉽게 말하면 돈을 많이 벌어 부자가 될 수 있는 방법이다. 그러나 긴 안목의 사업이나 전쟁, 운동 경기 등의 승리를 위해서는 별도의 이미지 트레이닝을 실행해야 한다.

마음가짐

1. 풍요로운 마음 상태를 갖춘다.
   - 가난한 사람을 보면 돈 계산을 하지 않고 거리낌 없이 도울 수 있어야 한다.
   - 친한 사람과는 허물없이 식사할 수 있도록 밥을 살 수 있어야 한다. 밥값 계산을 하며 사지 말라는 뜻
   - 기쁜 일이나 기념할 만한 일이 있을 때는 가까운 사람들과 식사라도 함께 한다.
   - 돈을 소중히 생각하되 구애 받음이 없어야 한다.

2. 〈고생을 하며 일을 해야 돈을 벌 수 있다〉는 생각은 버리고, 〈돈은 원하면 언제든지 생긴다〉고 마음에 정한다.
   - 그러나 돈이 들어온다면 죽도록 애쓸 각오가 되어 있어야 한다.
   - 돈이 들어오기 위한 일이라면 24시간 어느 때라

도 미루지 말고 즉시 움직여 처리한다.

3. 항상 신바람 나는 마음으로 임한다.
- 불만을 없앤다. 불만은 이득도 물리치고, 매사를 못마땅하게 생각하며 또 다른 불만을 불러들인다.
- 누구를 탓하거나 악한 마음을 품지 않는다.

4. 교만한 마음이 없어야 한다.
- 원하는 것은 우주가 실현시켜 주는 것이다. 자기 교만에 빠지면 교만이 현실을 밀어내어 다음부터는 실현되지 않는다.

5. 그림자를 보지 말고 몸을 돌려 태양을 바라보라.
- 앞뒤 처지를 걱정하지 말고 신성목을 통해 바탕 화면에 자신이 미소 짓는 모습을 그리며 마음을 편안하게 한다. 그리고 이 상태에서 지금 이 순간에 나와 우주만 있다고 생각하고 〈나에 의해 우주가 창조한다〉는 믿음을 가진다.
- 편안한 마음진공 상태으로 우주가 다 알아서 해준

다는 믿음을 갖고, 어려운 처지를 생각하지 말고 원하는 결과만을 생각한다.

6. **반드시 원하는 결과가 이루어졌을 때를 수용할 준비가 갖추어져 있어야 한다.**
   - 멋진 집을 갖길 원하면 그 집이 당장 나타났을 때 인수할 수 있는 여건이 갖추어져 있어야 하며, 물건을 팔 때는 받을 가격 등 팔 수 있는 조건이 갖추어져 있어야 한다.
   - 고급 차를 원하면 보관할 수 있는 차고가 갖추어져 있어야 한다.
   - 배우자를 원하면 함께 생활할 수 있는 여건 등이 갖추어져 있어야 한다.

7. **여럿이 모여 한 사람을 도울 수도 있다.**
   - 싸이파워 경험자가 리더가 되어 하루에 2~3번 정도 같은 시간을 정해 놓고 실시한다. 시간은 끝날 때까지 바꾸지 말고 계속 유지한다. 시간을 맞추기가 어렵거나 중간에 사정이 생길 수 있는 사

람은 처음부터 가담하지 않는다. 장소는 상관없이 각자 있는 곳에서 실시한다. 시작은 정해놓은 같은 시간에 하며 끝맺음은 각자 알아서 한다. 리더는 실시 10분 전에 연락을 하여 준비할 수 있도록 마음을 모은다.

- 돕고자 하는 사람에게 애정의 마음을 보낸다.
- 먼저 일주일 정도 원하는 시간을 정해 놓고 한다. 그 기간 안에 이루어지지 않으면 [마음가짐] 등 잘못된 부분을 점검하고 다시 시간을 정해 실시한다.
- 감사상태에서 〈바라는 최종 결과〉가 이루어졌다고 믿고, 그렇게 하라고 그림 혹은 동영상을 그리며 우주에 지시한다.
- 인원이 많으면 혼자 할 때보다 〈안 되면 어쩌나〉 하는 염려가 사라진다. 또 혼자 할 때 전달되는 파워가 100이라면 둘이 할 때는 120, 셋이 하면 125, 10명 이상이 하면 130 정도 파워가 증가한다. 많이 한다고 하여 파워가 무한하게 증가하지는 않는다. 또 파워가 많이 전달된다 하여 과부하

가 걸리지도 않는다. 생명 에너지이기 때문에 필요하지 않으면 소멸한다.

• 만트라를 세 번 한 뒤, 〈우주에 감사하고, 본인이 그 우주의 일부임을 기뻐하며, 코스모스 센타가 있어 행복합니다〉 하며 눈을 뜬다.

A. 필요한 물건을 갖길 원하거나 팔길 원할 때

Ψ 실행

1. [실행 본편]을 1~7까지 실시한다.
2. 신성목을 통해 눈을 감고 손의 움직임을 주시하다 손이 움직이던 바탕에 정신을 강하게 집중시킨다.
3. 집중된 상태에서 홀로그램을 보듯이 원하는 물건을 앞뒤 좌우 뚜렷하게 가슴에 새겨 넣는다.
   자기와 원하는 물건이 이질감이 없이 일체감이 느껴질 때 〈이것을 언제까지 내 수중에 들어오게 하라〉고 강력하게 우주에게 지시한다.

4. 우주로부터 〈이미 너의 것이다〉라는 메시지가 느껴지면 만트라를 세 번 하고, 〈우주에 감사하고, 자신이 우주의 일부임을 기쁘게 생각하며, 코스모스 센타가 있어 행복합니다〉 하는 마음으로 〈이루어졌음을 확신하고 잊어버린다〉.
5. 만약 실행 중 부정적인 이미지가 떠오르면 〈손 털기〉를 통해 털어 버린다.
6. 반대로 자기 물건을 팔 때는, 팔 물건이 많은 경우에는 감사상태에서 TV 기자나 아니면 영향력 있는 사람을 만나 자기를 돕도록 끌어들인다. 또 직접 살 사람을 끌어들이기 위해서는 지금 당장이라도 팔 수 있는 거래 조건 등을 갖추어 놓고 기분 좋게 계약하는 동영상을 그린다.
7. 우주로부터 기쁨의 응답이 느껴지면 〈언제까지 이루어지게 해달라〉고 강력하게 지시하고 잊어버린다.
8. 만트라를 세 번 하며, 〈우주에 감사하고, 자신이 우주의 일부임을 기쁘게 생각하며, 코스모스 센타가 있어 행복합니다〉 하며, 이루어졌음을 확신한다.

Ψ 실행 후

갖고 나서 찾는다 싸이파워를 통해 가슴에 들어 있는 것을 손에 쥐기 위해서는 〈어디에 가면 있을까〉 〈누구를 통해 알 수 있을까〉 하며 의도적으로 백방으로 노력을 하며 궁리를 해야 한다. 궁리를 하면 할수록 원하는 대상은 가까이 오고 있는 중이다.

(((B. 원하는 상황을 만들고자 할 때

빚에 쪼들리거나 아니면 가난한 생활고를 벗어나고 싶을 때, 억울한 누명을 썼거나 남들로부터 괴로움을 당할 때, 아니면 좁은 집이나 좁은 사무실에서 더 큰 곳으로 옮기고 싶을 때, 올림픽에서 꼭 금메달을 따고 싶을 때 등 원하는 상황을 만들고 싶을 때 실행한다.

Ψ 실행

1. 현재의 나쁜 상황은 어제의 일이라고 생각하고 무

시한다.

2. 신성목을 통해 바탕화면에 자신이 미소 짓는 모습을 그리며 진공 상태가 되어, 그곳에 정신을 집중하고, 나에게는 우주의 풍요가 있어 아무도 나를 괴롭히지 못한다고 믿는다. 〈돈도 내 인생을 괴롭히지 못한다〉고 굳게 믿는다.
3. 음악을 들으며 편안하고 즐거운 상태진공가 된다.
4. [실행 본편]을 1~7까지 실시한다.
5. 우주의 풍요가 곧 나의 풍요라고 믿고, 신성목을 통해 통장이 불어나는 영상을 계속 그린다.
6. 그리고 가장 기쁜 상태에서 〈반드시 이루어진다〉고 강하게 마음을 먹으면 우주로부터 〈그렇다. 꼭 된다〉라는 메시지가 들려온다.
7. 만트라를 통해 세 번 다짐하고 〈우주에 감사하며, 본인이 그 우주의 일부임을 기쁘게 생각하며, 코스모스 센타가 있어 행복합니다〉하고 기쁜 마음을 가슴에 간직한 채 눈을 뜬다.

♅ 실행 후

1. 원하는 결과가 현실로 이루어지기 전에, 다 되었다는 약속이나 상황은 아직 된 것이 아니다. 현실로 될 때까지 미리 기뻐하거나 발설하지 말고 가슴에 굳게 지켜라.
2. 마음이 차분하고 덤덤한 상태에서 현실로 이루어진다.

(((C. 필요한 사람을 만나고 싶을 때

배우자나 동반자, 협력자나 좋은 직원, 원하는 아들 딸 등 원하는 사람을 만나고 싶을 때 실행한다.

♅ 실행

1. 준비되어 있어야 온다. 만약 지금 원하는 사람이 당장 나타난다면 그 사람을 수용할 수 있는 여건을 미리 갖춘다. 사무실에 직원을 원하면 책상 등을 미리

갖추어 놓거나 아니면 당장 나가서 살 수 있도록 구입할 것을 준비해 놓고, 책상 놓을 자리도 미리 마음속에 준비되어 있어야 한다. 배우자라면 사람만 없을 뿐 함께 생활하기 위한 모든 여건을 갖추거나 마음에 준비해둔다.
2. 먼저 만난 후 준비해야지 하면 오지 않는다.
3. 그 사람과 하고 싶은 생활을 실제로 하고 있는 것처럼 마음속에 생각한다.
4. 함께 있을 생각에 신바람이 나야 한다.
5. 실행 본편을 1~7까지 실행한다.
6. 신성목을 통해 집중된 상태에서 원하는 사람의 모습이나 나이, 성격 등을 홀로그램처럼 또렷하게 그린다.
7. 마치 지금 함께 있는 것같이 기분이 좋을 때, 사랑의 에너지를 상상 속의 그 사람에게 짧고 강하게 보내면서 〈지금 당장 와라〉 하고 〈네〉 하는 대답을 듣는다.
8. 만트라를 통해 나의 사랑이 상대에게 간다고 애정을 보내며, 우주를 통해 상대가 나타나서 만나는 영상

을 그리며 행복을 느낀다. 만트라를 세 번 반복한다.
9. 우주에 감사하고, 코스모스 센타의 가르침을 고맙게 생각하며 눈을 뜬다.

Ψ 실행 후

 태어날 아기를 위해서라면 미리 아기 용품점 등을 돌아보며 아기와 함께라는 마음의 준비를 한다. 꼭 필요할 것 같은 것은 미리 준비해 놓는다. 오면 좋겠다는 생각보다 진짜 왔다고 믿고 준비하는 마음이 필요하다. 〈오면 해야지〉 하면 오지 않는다. Ψ

메디컬 싸이파워

PSY POWER

신성에너지는 곧 생명 에너지다. 우주가 스스로 자신을 보존하기 위한 본능이 있듯이 우리 몸도 스스로 자신을 지키려는 본능이 있다. 음식물 섭취를 황금 비율에 맞춰 위장의 70% 정도만 섭취하고, 활동도 하루 24시간 중 70%인 16시간 정도만 움직이면 특별한 사고로 다치지 않는 한 건강하게 오래 살 수 있다.

몸에 병이 생겼다는 것은 유전 등 특별한 경우가 아니라면 스스로 몸을 잘 지키지 않고 어딘가 무리를 하였거나 무책임하게 황금 비율을 어기며 무절제한 생활을 했기 때문이다. 아니면 다른 사람의 병을 보고 자기도 병에 걸리면 어쩌나 하는 염려가 병을 불러들이기도 한다. 흔히 말하길 〈건강을 위하여 운동을 한다〉고 한다. 우리의 마음이라는 세계와 우주의 하늘은 같은 세계지만 그렇다고 인간의 마음과 우주의 마음이 같은 입장이라고 말할 수는 없다. 인간은 질병이 있기 때문에 건강을 원하지만 우주는 오직 건강만 있기 때문에 인간이 원하는 건강을 알지 못한다. 오히려 인간의 마음이 건강을 원할 때 우주의 마음은 인간의 건강 이면에 숨겨져 있는 질병을 읽고 그 질병을 원한다고 받아들여 병을 만들 수는 있다. 그러므로 진짜 건강하길 바란다면 그냥 좋아서 하는 운동을 즐겁게 하라. 등산도 산이 좋으면 즐겁게 가라. 결코 건강을 위해서 하지는 말라. 이렇게 사람은 실수를 통해서 병이 생기지만, 우주 그 자체는 항상 건강을 위한 메커니즘에 의해 스스로를 유지하기 때문에, 우리의 인생을 우주의 메커니즘에 맡기면 감쪽같이 우리 몸도 치유될 수가 있다.

물론 이 방법은 어떤 물리적인 자극이나 의학적 차원에서 치료를 하는 것이 아니기 때문에 병원치료와 병행을 하더라도 아무런 문제가 없다. 때문에 이 방법을 쓰기 위해 병원치료를 중단하거나 약을 끊는 등 함부로 속단을 내려 제멋대로 해서는 절대 안 된다.

병원치료는 치료대로 계속하면서 이 방법을 병행하여 효과가 나타나면 자연히 병원치료가 그에 맞게 적절히 조치를 취할 것이기 때문에 안심하고 해도 좋다. 그리고 식이요법 같은 방법은 이 방법과 병행해도 아무런 상관이 없다. 단, 농약 등 해로운 첨가물이 섞인 음식을 먹는 것은 삼가야 한다.

A. 스스로 자신을 치료할 때

1. 건강을 해칠 큰 병은 내 인생에 없다고 정한다.
2. 급하게 병이 발견되었을 때는 먼저 우주에 감사하고, 코스모스 센타가 있어 행복하다는 마음 상태에서 센타 마크나 정육면체를 오른손 다한점에 대고 주먹을 꼭 쥔 채, 병원에 가는 중이면 차 안에서 오른손 엄지 마디를 아즈나 차크라에 대고 〈우주가 항상 건강하듯이, 내 몸을 우주에 맡기니 내 몸이 우주의 건강과 같게 해 달라〉고 우주에게 간절하게

지시하고 안심한다.

3. 현재 몸에 이상이 있다는 사실은 받아들이되, 우주를 믿고 막말로 〈죽기밖에 더 하겠느냐〉 하는 심정으로 마음을 편안하게 갖는다.
4. 그렇게 병원에 도착하면 대체로 병원에서 대수롭지 않은 치료를 받을 것이다. 그러면 뼈에 사무치도록 우주에 감사하고 〈코스모스 센타가 있어 행복합니다〉 하며 든든한 마음을 갖는다.
5. 〈병을 낫게 하기 위해〉 싸이파워를 사용하지 말라. 건강한 모습을 그리며 건강을 위해 싸이파워를 실행하라. 왜냐하면 병을 낫게 하기 위한 마음은 우주에 〈나는 환자〉라는 사실을 고취시키는 것이다. 그러면 우주는 환자 상태를 계속 유지시킨다. 원래 우주에는 병이 없다. 그래서 우주는 병을 고치지 못한다. 그러나 우주는 항상 건강하다. 그러므로 우주의 건강 상태로 바꿔 타라. 건강하면 병은 사라진다. 우주는 영원히 건강하다. 건강한 우주에 자신을 맡겨라.
6. 또, 현재 장기 치료를 받고 있는 중이면 먼저 신성

목을 통해 바탕화면에 자신이 미소 짓는 모습을 그리며 편안하고 온화한 마음 상태진공가 된다. 그리고 건강 상태로 돌아왔다고 굳게 믿는다. 우주가 영원히 건강하듯이, 우주를 믿고 자신을 믿는다.

7. 신성목을 통해 마음을 집중하고 많이 아픈 부위나 장애가 있는 부위에 작은 태양이 있다고 생각한다. 그리고 그 태양이 나쁜 것들을 모두 태워 버리고 몸은 따뜻해져 피와 기氣가 원활하게 잘 흐른다고 생각한다. 그리고 우주가 그러하듯 우주의 뜻대로 모든 소통이 원활해졌다고 믿는다.

8. 또 온몸 구석구석을 우주의 기운으로 닦으며, 병이 씻겨 나가 건강하고 싱싱한 몸으로 바뀌는 생각을 하며 〈손 말기〉를 한다.

9. 혹시 〈안 나으면 어쩌나〉 하는 부정적인 생각이 들면 〈손 털기〉로 털어 버리고, 건강한 몸으로 가족이나 친한 사람들과 여행을 가거나 즐겁게 지내는 모습을 마치 지금 현재 그렇게 살고 있듯이 강하게 그리고 믿는다.

10. 나의 몸이 〈우주에 의해 우주처럼 건강하게 되리

라〉 하며, 우주에 감사하고 코스모스 센타가 있어 행복하다는 든든한 마음으로 눈을 뜬다.
11. 건강에 도움이 되는 땅 기운 좋은 곳에 살면 효과가 급속히 좋아질 수 있다.

B. 다른 사람을 치료할 때

1. 다른 사람을 치료할 때는 절대 대가를 바라면 안 된다. 대가를 받으면 〈혹시 안 나으면 어쩌나〉 하는 마음이 밑에 깔려 있어 우주에 감응이 안 되며, 또한 애정이 없어 환자에게 전달이 안 된다. 반드시 건강을 되찾기 위해서만 하여야 한다.
2. 혼자가 아니라 여럿이 같은 시간을 정하여 각자 편리한 곳에서 하여도 좋다. 여럿이 하면 〈안 나으면 어쩌나〉 하는 불안감이 없고 또 힘의 전달도 강력해져 효과가 좋다. 단, 시작 시간은 같이 하고 끝나는 시간은 각자 알아서 끝내면 된다. 그러나 경험자

가 리더가 되어 함께 할 수 있도록 지시를 하면 좋다. 파워의 증가는 혼자 할 때가 100이라면 둘이나 셋이 하면 120 정도, 100명 이상이 해도 130 정도가 된다. 인원수가 많다 하여 파워가 엄청 세지거나 하는 것은 아니며, 파워가 세졌다 하여 치료 효과가 배가 되는 것도 아니다. 그러나 우주가 감응하는 효과가 강해져 결론적으로 치료 효과는 뛰어나다. 주의할 점은, 바빠서 함께 시간 맞추기가 어렵거나 진심으로 할 마음이 없으면 참가하지 말아야 한다. 또, 시험 삼아 해서도 안 된다. 전문가가 아니더라도 진심이 필요하다. 불성실하면 효과가 없다.

3. 우주에 감사하며 코스모스 센타가 있어 든든하다는 믿음을 갖는다. 그리고 본인이 우주를 이끌고 있는 우주의 리더라는 심정으로 치료하고자 하는 사람한테 사랑의 에너지를 보낸다. 혹시 치료받는 사람이 싸이파워 실행자를 알고 마음의 선물이라도 한 상태면 효과는 기적적이다.

4. 호흡을 단전으로 밀어 내린 뒤 코로 아주 가늘고, 고르고, 길게 숨을 내쉬면서 센타 마크나 정육면체

를 다한점에 대고 주먹을 쥔다. 엄지손가락은 검지 위에 올려놓고 중간 마디를 아즈나 차크라에 댄 채, 상대편이 건강한 상태로 활동하는 모습을 그리며 아픈 부위를 우주의 정기로 씻어 내듯이 본인의 손으로 구석구석 깨끗하게 씻는 모습을 그린다.

5. 특별하게 아픈 부위나 막힌 혈이 있는 부위는 작은 태양이 그 속에 있어 따뜻하게 몸의 기와 혈을 소통시킨다고 동영상을 그리며 생각한다. 그리고 온 몸에 기가 원활하게 흐르는 모습을 상상한다.

6. 호흡이 부족하면 다시 코로 숨을 마셔 단전에 내린다. 〈우주가 항상 건강하듯, 상대를 우주에 맡기니 우주의 뜻대로 건강한 몸이 되게 하라〉고 우주에 지시하고, 환자가 웃으며 일어나 활동하는 모습을 그리며 다시 우주에 감사하고 코스모스 센타가 있어 든든하다고 믿는다.

7. 만트라를 세 번 하며, 우주의 건강한 기운이 나로부터 환자에게 전해져 환자가 우주처럼 건강한 모습으로 행복하게 잘 사는 모습을 그리며 눈을 뜬다. Ψ

이미지 트레이닝

PSY POWER

뇌는 현실과 상상을 구별하지 못한다. 현실도 상상도 모두 사실이라고 믿는다. 몸도 상상 속에서 생각으로 움직이면 실제로 움직였을 때와 똑같이 반응한다. 때문에 요즘은 직접 운동을 하지 않고 상상만으로 다이어트를 하는 사람도 많이 있다. 전쟁의 천재라고 불리었던 나폴레옹은 자신은 단지 전쟁을 하기 전에 2백 번 이상 머릿속으로 동영상을 그리며 전쟁을 준비한 것밖에 없다고 하였다. 그런 연습을 한 결과 상대편이 느닷없는 전술로 나왔을 때 임기응변으로 대처할 수 있었다고 한다. 그래서 자신은 결코 천재가 아니라고 하였다. 사업을 잘 하는 사람들은 내일 할 일을 미리 전날에 어떻게 할 것인지 상상으로 시나리오를 짜듯이 준비해 놓는다. 그리고 다음날 생각한 대로 실천한다. 이런 식으로 한 주, 그리고 한 달, 또 일 년을 준비하는 것이다. 이렇게 미리 짜 놓고 짜놓은 것이 현실이 되는 것! 이것이 이미지 트레이닝이다.

올림픽 금메달리스트들이나 운동선수 중에는 이렇게 머릿속으로 미리 운동 경기를 전부 준비해 놓고 실제로 그와 같이 해서 승리를 한 사람들이 많이 있다. 우리나라의 여자 역도 선수인 장미란 선수나 유도의 이원희 선수가 모두 이와 같은 훈련을 통하여 금메달의 영광을 차지한 것이다. 실패하는 사람들은 일이 벌어진 뒤 벌어진 일을 따라가며 수습하지만, 성공하는 사람들은 이렇게 현실로 벌어지기 전에 미리 상상의 세계에서 준비해 놓고 우주로 하여금 따라오도록 조치를 하는 것이다. 이것이 이미지 트레이닝이다.

KBS 제공

결국 이미지 트레이닝은 미리 마음속으로 현실과 똑같은 상황을 상상하여 부자연스러운 마음이나 어려움을 극복하고 마음의 평정을 찾은 뒤 신바람 나게 하늘의 위력을 발휘하기 위한 방법이다.

Ψ 실행

1. 벽이나 앞이 막혀 있는 곳에 앉는다. 맨 땅에 앉을 때는 반가부좌를 하고, 의자안락의자는 안 됨에 앉을 때는 앞 쪽으로 다가앉아서 편안하게 등을 편 채 벽을 향해 앉는다. 손은 각각 몸 가까운 무릎 위에 올려놓고, 살며시 눈을 감는다.

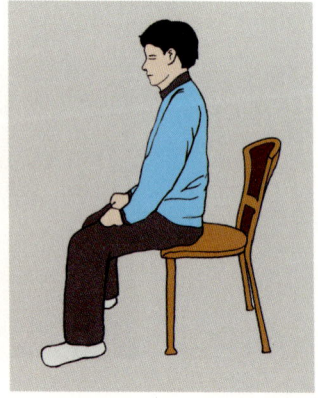

2. 우주에 감사하고, 이미지 트레이닝을 할 수 있게 해
준 코스모스 센타가 있어 든든하다는 기대감으로
코로 호흡을 길게 들이마신다. 그리고 숨을 가슴에
가득 채운다. 이렇게 가슴에 가득 채운 숨을 다시
단전으로 밀어내린 뒤, 아주 가늘고, 고르고, 길게

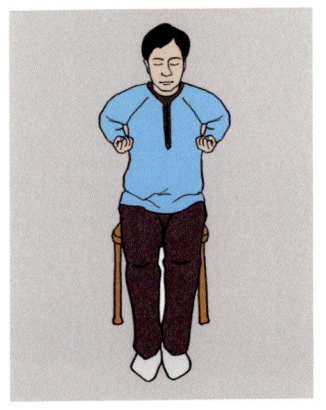
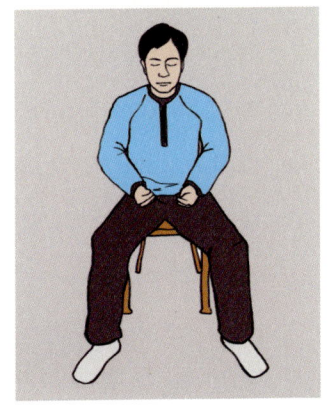

숨이 멎은 상태처럼 조용히 코로 내뱉는다.
3. 눈을 감은 상태에서 원하는 결과를 먼저 상상하며, 끝에서부터 시작한다. 사업가는 자기가 원하는 대로 결실이 맺어진 동영상을 그리고, 올림픽 출전 선수는 국가가 울리며 국기가 올라가는 단상에서 금메달을 목에 거는 장면을 생각한다.
4. 만나는 상대편을 미리 조사하여 그 선수의 장점, 결점 등을 철저히 파악한 뒤, 어떤 식으로 어떻게 할 것인지 실제로 시합을 하듯이 일일이 계획하고 행동하는 모습을 연출한다.
5. 상대편을 모를 경우에는 〈대체로 이런 사람일 것이다〉 하고 사실에 가깝도록 상상하여 연출한다. 또 이런 사람이 아닐 경우를 대비하여 다른 형태의 사람도 예상하여 연출한다.
6. 자신에게 가장 유리한 길을 택해 연출하되 만약을 대비해 호감을 보이는 상대와 반감을 일으키는 상대도 생각해 둔다.
7. 운동선수라면 상대편 선수나 팀을 미리 조사하여 장단점을 여러 각도에서 상황을 바꿔가며 세심하고

사실적으로 연출하되 언제나 자신이 유리하게 이기는 결과로 끝을 맺는다.
8. 긴 스토리는 짧게 나눠가며 완성한다.
9. 〈뜻은 멀리, 시선은 가까이〉 하는 심정으로 원하는 결과에 무리 없이 도달하도록 출발점부터 자신에게 유리한 상황에서 세심하게 계획을 짠다.
10. 상상 도중 돌발사태가 벌어지면 즉시 해결책을 강구하여 해결한다.
11. 결전의 날이 올 때까지 매일 꾸준히 객관적으로 사실감 있게 동영상을 그리되 항상 자신에게 유리한 쪽에서 연출한다. 겸허한 마음에서 상대편이 유리하도록 상상하면 결과는 진다.
12. 아무런 거리낌 없이 대할 수 있는 마음 상태가 되면 반드시 이긴다. 그러면 만트라를 세 번 하고, 우주에 의해 내 뜻이 이루어진다고 믿고, 〈우주에 감사하며 코스모스 센타가 있어 든든합니다〉 하며 성취감을 갖고 눈을 뜬다. Ψ

⚠ 경고

1. 싸이파워를 통해 우주로부터 원하는 세계를 수신하기 위해서는 〈감사상태〉에 있어야 한다.

2. 원하는 일이 이루어진 뒤, 도움을 받았거나 신세를 진 사람들_{싸이파워를 해준 사람들 포함}에게는 고마움을 표시하고 그 고마움을 잊지 않는다.

3. 싸이파워를 할 때 좋지 않은 이미지나 부정적인 생각이 들면 가차없이 〈손 털기〉를 통해 떨쳐 버린다.

4. 좋은 이미지는 〈손 말기〉를 통해 받아들인다.

5. 현실로 이루어지기 전에 유리한 상황에서 다 되었다고 기뻐하면 문제가 생기고 지연된다.

6. 잘 될 것 같은 기분에 끝났다고 떠벌리면 끌어오는 힘이 빠져 실패한다.

우주와 인생

PSY POWER

지금까지 여러분은 우리 마음이 곧 하늘이라는 사실을 알았다. 또, 우리는 넓은 우주 속에 아주 작은 먼지와 같은 미미한 존재가 아니라, 내가 바로 그토록 웅대한 우주의 맨 앞에 있는 선봉자라는 사실도 알았다. 그리고 선봉자인 내가 원하고 그 원하는 세계를 현실에 이루려고 하면 우주는 언제나 나를 위해 창조해 주는 관계도 이해하였다. 로마의 시인 베리킬리우스가 〈사람들이 모든 일을 해내는 것은, 할 수 있다고 생각하고 그 일을 하기 때문이다〉라는 의미도 이해하였을 것이다. 또 지금까지 지구에 출현한 모든 성현들의 가르침도 나름대로 이해하였을 것이다. 그렇다면 이제부터 여러분의 인생을 스스로 창조해 보자.

하늘과 땅

인생은 우리 마음 안에 무엇이 들어 있는가에 따라 결정된다. 흑黑이 들어 있으면 검은 일이 벌어지고 백白이 들어 있으면 하얀 일이 벌어진다. 어느 날 모르는 사람들과 함께 좋지 않은 사고가 생겼다면 그것은 서로의 마음속에 같은 파장의 같은 기분이 들어 있었기 때문이다. 그렇다면 여러분의 마음속에 무엇이 들어 있길 바라는가?

마음이 현실을 끌어들이기도 하고 밀어내기도 하는 아프락사스의 원리만 잘 이해하였다면, 이제부터 마음이 하얀 백지라고 생각하고 백지 위에 무엇을 그릴 것인가를 생각해보자. 단, 다음의 조건을 갖춘 상태에서 원하는 것을 마음껏 그리며 성취하라.

1. 세상을 무시하라

 세상을 전혀 모르면 삶이 풍요로울 수가 없다. 여기서 세상을 무시하라는 말은 세상에 무관심하거나 세상을 낮춰 보라는 뜻이 아니다. 세상으로부터 영향을 받지 말라는 뜻이다. 인생의 형태는 2가지가 있다. 하나는 세상이 변하면 내가 변하는 수동역受動易 코스모스 센타 용어이고, 또 하나는 내가 변하면 세상이 변하는 능동역能動易 코스모스 센타 용어이다. 수동역의 작용을 많이 받는 사람은 항상 세상의 변화에 눌려 자기 기량을 마음껏 발휘할 수 없다. 특히 이런 사람은 나쁜 일이 벌어지는 것을 보면 〈혹시 나도〉 하고 자기 걱정을 하게 된다. 그러면 그때부터 서서히 마음은 자기도 모르게 그와 같은 일을 불러들이는 것이다. 때문에 TV를 보든, 신문을 보든, 나쁜 일은 자기와 전혀 상관없는 일이라 생각하고 절대 마음에 담아 두어서는 안 된다.

 세상으로부터 영향을 받아 마음이 불안할 때는 가차없이 〈손 털기〉로 털어내고 신성목을 통해 바탕화면에 자신이 미소 짓는 모습을 그리며 그 미소 속에 안주한다. 그리고 진공 상태에 진입한다.

2. 기쁜 마음^{신바람}으로 하라

우주는 단 하나의 리듬만으로 조화를 이룬다. 그것은 곧 기쁘고 즐거운 락樂이다. 재미를 갖고 즐겁게 일을 하면 원하는 일은 어느새 완성된다.

세상이 내 뜻을 받아들이기 위해서는 신바람 나게 하여야 한다. 신바람은 내가 우주를 통해 세상을 변화시키는 나의 능동역이다.

3. 아는 것을 믿지 말라

사람은 누구나 배운 지식과 경험을 통해 습득한 지식을 정해진 진실처럼 생각하기 쉽다. 그러나 우주는 어느 한 순간도 머물러 있는 적이 없다. 그래서 어제는 동쪽에 있던 것이 오늘은 서쪽으로 옮겨져 있을 수도 있다. 동쪽을 고집하지 말라.

〈앎〉에 가려 세상을 바로 보지 못하면 항상 현실과 어긋나는 실수를 계속하게 된다. 그러므로 알고 있는 지식은 하기 전에 참고하거나 현실을 납득하기 위한 도구로만 써야지 그 자체를 믿으면 안 된다. 당연하고 틀림없다고 생각되는 것도 믿지 말라.

항상 마음을 비우고진공 아무런 선입견 없이 생명 에너지를 통해 현실을 파악하도록 노력하라. 생명 에너지로 현실을 바라보면, 당신은 남이 볼 수 없는 것을 보고, 남이 들을 수 없는 것을 들으며, 남이 말할 수 없는 것을 말하고, 남이 할 수 없는 것을 해낼 수 있다.

4. 나쁜 예감은 좋은 채널로 바꿔라

하얀 마음 위에 나쁜 관념이 없으면 나쁜 일은 생기지 않는다. 그러나 자기도 모르게 아프락사스적으로 나쁜 관념이 마음속에 담겨 있을 수도 있다. 그리하여 불길한 꿈을 꾼다거나 좋지 않은 부정적 예감이 든다면, 마음으로부터 그 자체를 무시하고 〈손 털기〉를 통해 가차없이 지워버려라. 그리고 원하는 좋은 방향으로 마음을 정하고 좋은 채널의 그림을 그려라.

그러면 존재의 원칙에 의해 나쁜 주파수는 없어지고 좋은 주파수로 변해 있을 것이다.

5. 원하는 것은 가깝게 느껴라

바라볼 미래의 세계가 없이 어려운 상황 속에서 어렵게 사는 사람들은 내일 역시 어려움을 피하기 힘들다. 좋은 것을 부러워하고 좋은 것을 갖추고 사는 자신을 그리지 않으면 미래의 현실은 지금을 벗어나지 못한다. 살아 있는 현실을 고마워하지 않고 어려운 환경을 탓하며 삶에 불만을 느낀다면 그것은 점점 더 자신에게 미안한 인생이 된다. 그리고 그런 인생을 자신이 만들고 있다는 사실조차 모른다.

보면 갖고 싶은 대상이 있고 마음이 그 대상을 갖길 원하면 가질 수 있는데, 아무리 좋아도 마음이 멀게 느껴진다면 그 느낌이 파동적 실체가 되어 그 대상은 나와 만날 수가 없다. 또 그 대상이 크게 느껴지면 갖고자 하는 마음보다 두려움이 먼저 생긴다. 그러나 아무리 크고 값진 것이라도 꼭 갖길 원하면 가슴에 들어와 이미 자기 것처럼 느껴진다. 그러면 우주는 가슴에 있는 것을 그대 손에 쥐어 줄 것이다.

6. 지름길로 가라

 세상 모든 존재 속에는 중심에 핵이 있어 그 핵을 부숴 버리면 전체가 다 망가진다. 그래서 전체는 핵을 보호하고 핵을 지켜야만 한다. 그래야 존재가 건재할 수 있다. 그러나 존재 전체가 잘되기 위해서는 반드시 핵이 돋보여야 한다. 핵이 앞장서서 움직여야 전체가 따라오는 것이다. 그런데 어리석은 사람들은 전체가 핵을 지키듯 핵을 감싸고 핵이 드러나는 것을 못하게 막는다. 오히려 핵을 감싸고 감추는 것이 미덕이라고 생각한다. 그러면 그 핵은 세상에 나오지 못하고 영원히 죽은 것처럼 사라져 버린다. 결코 겸양지덕이 아닌 것이다.

 차지하기 위해서는 먼저 핵을 장악하라. 마음에 거리낌 없이 가깝게 느껴져야 차지할 수 있다. 서울에 가고 싶으면 마음이 서울을 택해야지 서울이 두렵다고 먼저 성남에 갔다가 간다고 마음먹으면 두 번 하는 일이 된다. 지름길로 가라. 그리고 존재를 내보이기 위해서는 먼저 핵을 드러내라. 사랑하는 사람한테는 사랑을 느낄 수 있도록 사랑한다고 말하라. 세상 눈치를 살피며 다음을 기약하면 그때는 모두가 외면하고 난 뒤다.

7. 풍요롭게 살라

우주에 가난은 없다. 그래서 가난은 죄다. 우주에는 죄가 없다. 여기서 죄란 우주의 풍요를 거역한 죄라는 뜻. 풍요의 세계를 보고 풍요로 가기 위해 마음으로 노력을 하면 누구나 다 풍요롭게 살 수 있다. 만약 지금 가난하다면 그것은 우주가 풍요롭게 살도록 시간을 배려하고 있는 중이다. 때문에 이와 같은 우주의 배려를 무시하고 끝까지 가난하게 살면 결국 굶어 죽게 된다. 그렇다고 모두 사업가가 되라는 뜻은 아니다. 우주는 7:3의 황금 비율을 갖고 있다. 적은 수입이라도 꾸준히 저축을 하면 누구나 돈을 모을 수가 있다.

〈나는 생활비가 부족해 돈을 모을 수 없다〉고 말하지 말라. 먼저 저축하겠다고 결심하라. 그러면 저축하는 돈이 불어날 때마다 충만감이 커질 것이다. 그리고 그 충만감은 더 많은 돈을 불러들인다. 그러면 가지고 있는 돈과 활동비가 7:3이 되도록 하라. 70%는 쓰지 말고 자산으로 묶어 놓고 30%의 돈만으로 사업을 하라. 이렇게 사업을 하여 들어오는 돈은 또다시 저축을 하여 묶어 놓은 자산을 계속 키워 나가라. 돈을 빌리거나 외상을 지더라도 묶어놓은 70%의 자산과 합쳐 100%가 넘지 않도록 해야 한다. 왜냐하면 30% 이상의 빚은 무리가 되어 70%의 자산이 위태로울 수도 있기 때문이다.

그리고 가난한 사람을 도우라. 남을 돕는다는 것은 마음이 풍요롭기 때문이다. 풍요로운 마음은 또 다른 부富를 끌어들인다. 남을 도울 수 있는 여건이 되면 30% 이내에서 남을 도우라. 그러나 이렇게 안전한 자산이 있다 하여 자신이 부자라고 믿지는 말라. 왜냐하면 마음이 부로 가득 차면 우주는 현실의 부를 허물어트린다는 사실도 영원히 잊지 말라.

8. 세상을 소중하게 생각하고 사랑하라

이 세상은 그것이 내 것이든 남의 것이든 모두가 소중하고 귀한 것이다. 그 모든 것을 항상 고맙게 생각하고 소중하게 간직하면 우주는 더 많은 것을 그대에게 맡길 것이다. 세상 모든 만물을 항상 우주와 공유하고 있다고 생각하라.

9. 우주는 진실에만 감응한다

사람은 속일 수 있지만 우주는 속일 수 없다. 우주는 진실에만 감응하기 때문이다. 부득이한 선의의 거짓말이 아니라면 자신을 위해 남을 속이지 말라. 속이려는 파장과 같은 주파수대의 나쁜 일이 두고두고 찾아온다.

인생은 무의식이 원하는 쪽으로 간다. 무의식은 진실이기 때문이다. 그러나 의식이 원하는 쪽으로 갈 수도 있다. 그러기 위해서는 원하는 목표를 분명히 갖고 그것을 이루기 위해 끊임없이 의도해야만 한다. 그러면 그 의도가 존재의 원칙에 의해 무의식 속에 자리 잡게 된다.

10. 인과응보를 이해하라

옛날이야기에 나오는 죄와 벌 이야기가 아니다. 가슴에 기쁨감정이 가득 차면 기쁜 일이 생기고, 남을 괴롭히거나 남에게 피해를 주면 피해와 괴로움이 자신에게 벌어진다. 그러므로 절대 남을 괴롭히지 말라. 남을 괴롭히면 자신의 인생에도 괴로움이 찾아온다. 그리고 가슴에 기쁨감정이 가득하면 그 기쁨은 현실에 기쁜 일을 불러들인다. 그렇다고 현실로 이루어지기도 전에 먼저 기뻐하면 그 기쁨은 현실의 기쁜 일을 밀어내 버린다.

11. 만유에 순화하라

최고의 행복은 탈 없이 만유에 순화하며 사는 것이다. 모든 존재는 상반된 성질이 평등해졌을 때 드러난다. 양陽이 많으면 사라져 보이지 않게 되고, 음陰이 많으면 부서져 형체가 없어진다. 행복도 이처럼 좋고 나쁨이 비슷할 때 어느 한쪽에 치우치지 않고 좋은 쪽만 바라볼 때가 가장 좋은 것이다. 마음을 좋은 쪽에 두면 나쁜 쪽은 자연히 보이지 않게 사라져 버린다. 건강 역시 질병과 활력이 비슷해서 어느 쪽도 드러나지 않을 때가 가장 건강한 상태다. 활력이 강하게 드러나면 사고가 나고 질병이 강하게 드러나면 고통이 따른다. 우리의 인생도 이와 같이 좋은 것도 나쁜 것도 아닌 평화롭고 조화된 삶이 가장 행복한 것이다. 여러분 모두의 인생이 그렇게 되길 진심으로 기원한다. Ψ

코스모스 패밀리

옛날에 아리스토텔레스가 알기를 원했듯이 오늘날에도 〈인생〉에 관해서 알기를 원하는 사람들이 많이 있을 것이다. 〈내가 알기를 원했을 때〉 나와 같은 생각의 주파수와 공명을 한 사람들이 많이 있을 것이기 때문이다. 역사적으로도 같은 발명품이나 창작품들이, 멀리 떨어져 서로 알지 못하더라도 비슷한 시기에 나오는 이유가 바로 이것이다. 옛날에는 서로 연락하기도 힘들고 또 정보 교환도 하기가 어려워 서로 다른 지역에서 같은 시대에 비슷한 창작품이 나온다는 것은 마치 우연이나 기적처럼 생각되었다. 그러나 결론적으로 말하면 그 모든 것이 곧 파동문명인 것이다. 이 책을 읽는 여러분 중에도 틀림없이 〈아! 그래서 내 인생이 그처럼 잘 풀렸구나〉라든가 〈어쩐지 내가 마음만 먹으면 잘된 이유가 바로 이것이었군〉 하며 쾌재를 부를 사람이 있을 것이다.

입자의 세계에서 보면 우리는 부모로부터 생겨나서 그 나라 그 땅에 살고 있는 아주 조그마한 미물처럼 생각되지만 그것은 단지 우주의 창조 원리에 의한 것일 뿐 사실은 우리 모두가 똑같은 우주 그 자체인 것이다. 그리고 우리는 우주의 하나뿐인 본능, 즉 스스로 자신을 보존하고자 하는 우주와 똑같은 보존의식을 통해 생존경쟁을 벌이고 있을 뿐이다. 그래서 사실 이 세상에 존재하는 모든 것들은 알고 보면 자신과 같은 형제인 것이다. 그러나 이 말이 이상하게 들린다면 그 이유는 입자의 관점에서 서로 부모가 달라 남처럼 느껴지기 때문이다. 이 사실을 모르고 개인적 욕심만으로 자신만을 위해 살게 되면 싸움과 범죄를 일삼는 흉악한 인생을 살게 되어 결과적으로는 몰락하게 된다. 그러나 범우주적 관점은 아니더라도 최소한 범인류적 생각을 갖고 모든 사람이 똑같은 혜택을 누리며 행복을 공유하고자 사업이나 정치 혹은 종교계에 헌신을 하면 크게 성공하는 이유가 바로 이처럼 파동문명적 발상을 하였기 때문이다.

이 책을 통해서 여러분은 우리 모두가 서로 다른 지역

에서 서로 다른 부모를 통해 이 땅에 태어났지만, 마음만은 보이지 않는 같은 〈하늘의 세계〉에 있다는 것을 알았을 것이다. 그리고 우리의 인생은 〈자신이 정해 놓은 대로〉 〈자신의 마음을 내어 쓰는 대로〉 〈자신이 선택한 대로〉 〈자신이 욕한 대로〉 〈자신이 믿는 대로〉 이루어진다는 비밀도 알았을 것이다. 그리고 그때 자기도 모르게 자신이 원하는 대로 이루어 주는 어떤 힘 같은 것을 느꼈을 것이다. 그것이 바로 우주의 〈싸이파워〉다.

특히 싸이파워를 통해 이 힘을 사용할 줄 알게 되면 여러분은 자신이 곧 우주라는 사실을 분명하게 느낄 수 있게 된다. 그렇다고 절대로 이상한 말이나 괴팍한 철학이라고 생각해서는 안 된다. 왜냐하면 지금부터의 지구 문명은 광활한 파동문명으로 발전해야 하기 때문이다. 이렇게 우리는 각자 자신의 인생을 창조하며, 우리 모두의 생각대로 주변 환경을 꾸미고 있는 것이다.

그러나 아직도 우리 주변에는 이와 같은 〈싸이파워의 세계〉를 모른 채, 자기 경험의 눈으로만 바라보며 이 사실을 미심쩍어하는 사람들이 있다. 그러나 그들이 싸이파워를 공유하면 이 세상은 훨씬 더 긍정적이며 신바람 나는 사회로 발전할 것이다. 그래서 그들에게 희망과 힘을 주기 위해 싸이파워 터미널Psy-Power Terminal로 www.psy-power.com을 개설했다.

지금까지는 몰랐으나 이 책을 읽고 자신의 경험 중에서 〈그것이 바로 싸이파워였구나〉하고 발견한 싸이파워 이야기나, 이 책을 통해 성취한 싸이파워 경험 이야기를 정리해서 싸이파워 터미널에 소개해 주기 바란다. 그렇게 함으로써 본인은 싸이파워에 대한 더 큰 믿음으로 더 큰 싸이파워를 행사할 수 있는 힘을 갖추게 되고, 고뇌에 찬 이웃은 여러분의 경험을 통해 싸이파워를 신뢰하고 행함으로써 여러분과 같은 〈하늘의 세계〉에서 만나 함께 행복을 누릴 수 있을 것이다. 그들이 그렇게 행복할 수 있도록 여러분의 사랑을 베풀기 바란다. 그러면 우주는 항상 여러분의 편이 되어 줄 것이다. Ψ

코스모스 센타 용어

| **우주심**宇宙心 | 자아가 아닌 순수한 자慈 에너지 상태의 마음. 우주와 같은 자慈 에너지라 하여 우주심이라 한다. 성현의 본심本心은 곧 우주심이다.

| **신성목**神性目 | 우주심을 느끼기 위한 눈. 눈을 감은 상태에서 눈 앞 10cm 정도 앞에 손을 놓고 흔들면 그 손놀림이 느껴진다. 이때 그 손놀림이 느껴지는 바탕이 곧 우주심이다.

| **손 털기** | 떠오르는 이미지를 지워버리기 위한 손동작. 부정적인 이미지는 떠오르는 즉시 손을 털어 지워버린다.

| **손 말기** | 떠오르는 이미지를 마음속에 간직하기 위한 손동작. 좋은 느낌이나 바람직한 이미지는 얼른 마음속에 집어넣어 강하게 수긍한다.

| **수동역**受動易**과 능동역**能動易 | 두 가지의 인생 형태. 세상이 변하면 나도 변하는 것이 수동역이고, 내가 변하면 세상이 변하는 것이 능동역이다. 수동역의 작용을 많이 받는 사람은 항상 세상의 변화에 눌려 자기 기량을 발휘할 수 없다. 하지만 능동역으로 사는 사람은 세상이 뭐라 하든 자기가 원하면 원하는 세상으로 바꾸어 놓는다.

부록

천성검사표

천성검사는 생년월일시만 있으면 www.psy-power.com에서

간단하게 볼 수 있습니다

[천성검사표 1]

코스모스 넘버 *양력

숙명성 조견표

9	8	7	6	5	4	3	2	1
1919	1920	1921	1922	1923	1924	1925	1926	1927
1928	1929	1930	1931	1932	1933	1934	1935	1936
1937	1938	1939	1940	1941	1942	1943	1944	1945
1946	1947	1948	1949	1950	1951	1952	1953	1954
1955	1956	1957	1958	1959	1960	1961	1962	1963
1964	1965	1966	1967	1968	1969	1970	1971	1972
1973	1974	1975	1976	1977	1978	1979	1980	1981
1982	1983	1984	1985	1986	1987	1988	1989	1990
1991	1992	1993	1994	1995	1996	1997	1998	1999
2000	2001	2002	2003	2004	2005	2006	2007	2008
2009	2010	2011	2012	2013	2014	2015	2016	2017

운명성 조견표

월일 \ 숙명성번호	1	2	3	4	5	6	7	8	9
2/5 ~ 3/6	8	2	5	8	2	5	8	2	5
3/7 ~ 4/6	7	1	4	7	1	4	7	1	4
4/7 ~ 5/6	6	9	3	6	9	3	6	9	3
5/7 ~ 6/6	5	8	2	5	8	2	5	8	2
6/7 ~ 7/6	4	7	1	4	7	1	4	7	1
7/7 ~ 8/6	3	6	9	3	6	9	3	6	9
8/7 ~ 9/6	2	5	8	2	5	8	2	5	8
9/7 ~ 10/6	1	4	7	1	4	7	1	4	7
10/7 ~ 11/6	9	3	6	9	3	6	9	3	6
11/7 ~ 12/6	8	2	5	8	2	5	8	2	5
12/7 ~ 1/6	7	1	4	7	1	4	7	1	4
1/7 ~ 2/4	6	9	3	6	9	3	6	9	3

외관성 조견표

운명\숙명	1	2	3	4	5	6	7	8	9
1	9	6	7	8	9	1	2	3	4
2	4	6	6	7	8	9	1	2	3
3	3	4	4	6	7	8	9	1	2
4	2	3	4	3	6	7	8	9	1
5	1	2	3	4		6	7	8	9
6	9	1	2	3	4	2	6	7	8
7	8	9	1	2	3	4	8	6	7
8	7	8	9	1	2	3	4	5	6
9	6	7	8	9	1	2	3	4	1

[천성검사표 2]

라이프 패턴 *음력

日干 \ 年干	甲	乙	丙	丁	戊
甲	자기자리형	엇박자형	순종형	헌신형	독존형
乙	엇박자형	자기자리형	헌신형	순종형	제멋대로형
丙	빨판형	바로여기형	자기자리형	엇박자형	순종형
丁	바로여기형	빨판형	엇박자형	자기자리형	헌신형
戊	쨍그랑형	제멋대로형	빨판형	바로여기형	자기자리형
己	캡슐형	쨍그랑형	바로여기형	빨판형	엇박자형
庚	독존형	캡슐형	쨍그랑형	제멋대로형	빨판형
辛	제멋대로형	독존형	캡슐형	쨍그랑형	바로여기형
壬	순종형	헌신형	독존형	캡슐형	쨍그랑형
癸	헌신형	순종형	제멋대로형	독존형	캡슐형

日干 \ 年干	己	庚	辛	壬	癸
甲	캡슐형	쨍그랑형	제멋대로형	빨판형	바로여기형
乙	독존형	캡슐형	쨍그랑형	바로여기형	빨판형
丙	헌신형	독존형	캡슐형	쨍그랑형	제멋대로형
丁	순종형	제멋대로형	독존형	캡슐형	쨍그랑형
戊	엇박자형	순종형	헌신형	독존형	캡슐형
己	자기자리형	헌신형	순종형	제멋대로형	독존형
庚	바로여기형	자기자리형	엇박자형	순종형	헌신형
辛	빨판형	엇박자형	자기자리형	헌신형	순종형
壬	제멋대로형	빨판형	바로여기형	자기자리형	엇박자형
癸	쨍그랑형	바로여기형	빨판형	엇박자형	자기자리형

[천성검사표 3]

비밀의 열쇠 *음력

生時＼生月	正月	二月	三月	四月	五月	六月	七月	八月	九月	十月	十一月	十二月
머리	寅	〃	〃	申	〃	〃	巳	〃	〃	亥	〃	〃
손	亥巳	〃	〃	巳亥	〃	〃	寅申	〃	〃	申寅	〃	〃
어깨	辰子	〃	〃	戌午	〃	〃	未卯	〃	〃	丑酉	〃	〃
배	戌	〃	〃	辰	〃	〃	丑	〃	〃	未	〃	〃
가슴	午	〃	〃	子	〃	〃	酉	〃	〃	卯	〃	〃
성기	申	〃	〃	寅	〃	〃	亥	〃	〃	巳	〃	〃
귀	卯丑	〃	〃	酉未	〃	〃	午辰	〃	〃	子戌	〃	〃
발	未酉	〃	〃	丑卯	〃	〃	戌子	〃	〃	辰午	〃	〃

[천성검사표 4]

에너지 패턴 *음력

日干＼에너지	활력	철부지	출세	창건	황제	속빈강정	병약	사생결단	구두쇠	절단기	미숙	비타민
甲	亥	子	丑	寅	卯	辰	巳	午	未	申	酉	戌
乙	午	巳	辰	卯	寅	丑	子	亥	戌	酉	申	未
丙	寅	卯	辰	巳	午	未	申	酉	戌	亥	子	丑
丁	酉	申	未	午	巳	辰	卯	寅	丑	子	亥	戌
戊	寅	卯	辰	巳	午	未	申	酉	戌	亥	子	丑
己	酉	申	未	午	巳	辰	卯	寅	丑	子	亥	戌
庚	巳	午	未	申	酉	戌	亥	子	丑	寅	卯	辰
辛	子	亥	戌	酉	申	未	午	巳	辰	卯	寅	丑
壬	申	酉	戌	亥	子	丑	寅	卯	辰	巳	午	未
癸	卯	寅	丑	子	亥	戌	酉	申	未	午	巳	辰

싸이 파워

PSY POWER

초판 1쇄 인쇄 2012년 8월 25일
초판 1쇄 발행 2012년 8월 30일

지 은 이 素空慈
발 행 인 한기석
기   획 코스모스센타 송원철
출판팀장 신민범
편 집 장 배재국
교   정 황명원, 정경철
영어교정 슈티마 한
아트디렉터 심이라
삽   화 길범주
사   진 김기호
디 자 인 이은희
이 미 지 저작권ⓒ maystra. freshidea. Anatoly Maslennikov-Fotolia.com
마 케 팅 배정희
펴 낸 곳 코스모스 북
등   록 1987년 11월 28일 제 1987-000004호
주   소 서울시 강남구 개포동 1265-13
전   화 대표: 1899-4285

** 저작권 ** ⓒ 2012 by Cosmos Center.

이 책은 저작권법에 의해 보호받는 저작물입니다.
저자와 발행인의 서면 허락 없이 내용의 일부를 인용하거나 발췌하는 것을 금합니다.

ISBN 9788996881803 02320

값 15,000원

파동문명 시리즈 **2**

우주경영 36계

『싸이파워』에 이어 두 번째로 내놓는 파동문명 시리즈. 세상 모든 변화는 기운의 움직임에 의해 나타나므로 원하는 결과를 이루기 위해서는 기운을 잘 운용해야 한다. 36계는 그 기운을 어떻게 써야 하는지를 밝힌, 36가지의 운용법이다. 우주는 이와 같은 운용에 의해 우리에게 원하는 승리를 안겨 준다.

이 세상에 영원한 강자는 없다. 왜냐하면 이기고 지는 것은 사람이 하는 것이 아니라 우주의 기운에 의해 벌어지는 까닭이다. 〈상대가 강하면 줄행랑을 쳐라〉 이것은 그 유명한 36계의 36번째 계략이다. 상대편의 힘이 나보다 강한 상태에서 싸우는 것은 용기가 아니라 미련이다. 그러니 일단 먼저 도망을 가고, 이길 수 있는 힘을 키운 다음 나중에 다시 싸우라는 것이다. 이 말은 지금 내가 약하다고 해서 영원히 상대가 이기라는 법은 없다는 뜻이다. 왜냐하면 이기고 지는 힘은 나의 것이 아니라 우주의 것이기 때문이다. 이렇게 우주의 기운을 알고 그 기운을 이용하여 원하는 승리를 성취하기 위한 방법, 그것이 곧 36계다.

그렇다면 36계는 어떻게 터득해야 하는가? 이 비법서대로만 하면 모두 이길 수 있는가? 물론 답은 〈아니다〉이다. 이 비법서는 먼저 기운의 세계가 무엇인지 확실하게 아는 사람만 운용을 할 수가 있다. 읽고 아는 지식만으로는 절대 운용을 할 수가 없다. 그렇다면 기운은 어떤 작용을 하며, 기운의 세계는 어떤 형태가 있는지, 그리고 어떻게 기운을 보고 알 수 있으며, 승리할 수 있는 힘은 무엇인지 확실하게 알고 계책을 살펴보자. 〈본문 중에서〉